(DES)FIANDO A TRAMA:
A PSICANÁLISE NAS TEIAS DA EDUCAÇÃO

Ivone de Barros Vita
Fernando Cézar Bezerra de Andrade
ORGANIZADORES

(DES)FIANDO A TRAMA:
A PSICANÁLISE NAS TEIAS DA EDUCAÇÃO

Casa do Psicólogo®

© 2005 Casa do Psicólogo Livraria e Editora Ltda.
É proibida a reprodução total ou parcial desta publicação, para qualquer finalidade, sem autorização por escrito dos editores.

1ª Edição
2005

Editores
Ingo Bernd Güntert e Myriam Chinalli

Editora Assistente
Christiane Gradvohl Colas

Assistente Editorial
Sheila Cardoso da Silva

Produção Gráfica e Capa
Renata Vieira Nunes

Editoração Eletrônica
Valquíria Kloss

Revisão
Christiane Gradvohl Colas

Dados Internacionais de Catalogação na Publicação (CIP)
(Câmara Brasileira do Livro, SP, Brasil)

(Des)fiando a trama: a psicanálise nas teias da educação / Ivone de Barros Vita, Fernando Cézar Bezerra de Andrade organizadores. – São Paulo: Casa do Psicólogo®, 2005.

Bibliografia.
ISBN 85-7396-385-9

1.Psicanálise e educação I. Vita, Ivone de Barros II. Andrade, Fernando Cézar Bezerra de.

05-5699   CDD- 150.195

Índices para catálogo sistemático:

1. Psicanálise e educação: Psicologia   150.192

Impresso no Brasil
Printed in Brazil

Reservados todos os direitos de publicação em língua portuguesa à

Casa do Psicólogo® Livraria e Editora Ltda.
Rua Mourato Coelho, 1059 Vila Madalena 05417-011 São Paulo/SP Brasil
Tel.: (11) 3034.3600 E-mail: casadopsicologo@casadopsicologo.com.br
site: www.casadopsicologo.com.br

Diante da dificuldade de fazer sempre aquilo que dizemos, é possível tentar dizer o que fazemos.
Zygorius

Sumário

Prefácio 9
    Maria Cristina Kupfer

Apresentação 17
    Ivone de Barros Vita, Fernando Cézar Bezerra de Andrade

Psicanálise e instituições 27
    Maria Cristina Kupfer

Infância e adolescência marginalizadas e espaços institucionais 37
    Ivone de Barros Vita

A escola e a criança desenquadrada 53
    Vera Esther Jandir da Costa Ireland

Jogo, cultura e pulsão: uma semiótica dos brinquedos e
dos brincantes 77
    Pierre Normando Gomes da Silva

Educar o homem que deseja 97
    Iraquitan de Oliveira Caminha

Uma tarefa (im)possível: a formação dos valores
face à violência na escola 111
    Fernando Cézar Bezerra de Andrade

De que pode falar o mal-estar na educação? 143
    Ivone de Barros Vita

Observações psicanalíticas sobre a construção do projeto
político-pedagógico: notas para reflexão 157
    Edna Maria da Cunha Dias

Sobre os autores 167

Prefácio

Maria Cristina Kupfer

Ao se tratar da discussão em torno das articulações entre a psicanálise e a educação, pode ser interessante iniciar por um ponto em que, ao contrário, não há articulação possível. Sabe-se que há uma grande diferença na posição que educadores e psicanalistas assumem diante do poder da consciência e da razão; essa diferença pode opor os discursos da educação e da psicanálise, e mesmo impedir a desejada interlocução, razão pela qual pode ser interessante abordá-la.

Já nos albores da psicanálise, e no modo como Freud foi, desde o início, levado a situar sua invenção do inconsciente, é possível destacar uma formulação sobre o inconsciente que problematiza profundamente a fé do educador na razão, bem como sua crença no valor do conhecimento e da cognição. Essa subversão poderá ser apreendida nas experiências a que Freud assistiu no fim do século XIX, em Paris. Ali, Charcot reunia a seu redor um grupo de pesquisadores ao qual ele deu o nome de "Escola da Salpêtrière":

Janet, Binet, Bernheim estavam entre eles, e as experiências que realizaram diante dos olhos e da mente de Freud deram-lhe o apoio para construir o inconsciente como fundamento do aparelho psíquico. Dentre essas experiências estão aquelas chamadas de sugestão pós-hipnótica, que são particularmente interessantes para pensar a subversão da idéia de liberdade provocada pela construção da noção freudiana de inconsciente.

Em conhecido exemplo desse tipo de experiência, Filloux (1988)[1] relata um experimento de Bernheim:

> Sugiro ao sujeito, na presença de meu colega, Charpentier, que tão logo desperte, apanhe o guarda-chuva do meu colega, pendurado na cabeceira da cama, abra-o e vá passear na galeria adjacente à sala, fazendo duas voltas completas. Desperto-o muito tempo depois e, antes que seus olhos fiquem abertos, saímos rapidamente. Não tardou que o víssemos no corredor, guarda-chuva aberto na mão, e executando duas voltas à galeria. Pergunto-lhe: "O que está fazendo aqui?" Ele responde: "Tomando ar." "Por quê? Sente calor?" "Não, às vezes gosto de passear." "E o que faz com esse guarda-chuva? Ele pertence ao doutor Charpentier!" "Ora essa! Pensei que fosse o meu; vou repô-lo no lugar de onde o tirei!" (p. 24).

Esse exemplo é bastante utilizado pelos teóricos, e também por Freud, para demonstrar a existência de idéias inconscientes ativas com capacidade de interferir na consciência, ainda que o sujeito não se dê conta dessa influência. Mas é possível demonstrar ainda, por intermédio desse exemplo, a clara "falta de liberdade" com que opera um sujeito determinado em suas ações por idéias inconscientes. Pior: sua consciência "fabrica" razões para seus atos – às vezes gosto de passear, diz a personagem de Bernheim, quando de fato estava obedecendo à ordem de dar duas voltas no pátio. Que garantias podemos ter, a partir daí, do acerto das formulações de nossas razões?

---

[1] Filloux, Jean Claude. *O inconsciente*. São Paulo, Martins Fontes, 1988.

Que liberdade teremos para "escolher" nosso destino, se pensamos estar construindo racionalmente o fundamento de nossas ações, mas essas não passam, no fundo, de "racionalizações", de construções distorcidas, feitas apenas para atender ao verdadeiro senhor, o inconsciente?

A consciência é enganadora, e sua função é a de produzir desconhecimento, muito mais do que conhecimento, escreve Lacan[2].

Não é à toa que Ivone Vita e Fernando de Andrade, ao discutirem, na apresentação deste livro, as articulações da psicanálise com a educação, adotam uma posição necessariamente prudente. Eles afirmam: "Hoje psicanalistas e educadores também vêm debruçando-se criticamente sobre as ambições educacionais em formar um sujeito autônomo, à imagem e semelhança de um ideal" (p. 12). A autonomia do sujeito é ilusória, e não pode ser então uma ambição educacional para a qual a psicanálise venha a prestar alguma ajuda.

Foi Freud quem iniciou as primeiras tentativas de reunir psicanálise e educação, mas também foi ele quem as abandonou, ao final de suas obras.

Em *Análise da fobia de um menino de 5 anos*, texto de 1909, época em que ainda estava entusiasmado com tais interlocuções, Freud escreve:

> Até agora a educação só estabeleceu para si a tarefa de controlar, ou, seria muitas vezes mais próprio dizer-se, de suprimir, os instintos. Os resultados não têm sido, de modo algum, gratificantes. (...) a informação obtida pela psicanálise sobre a origem dos complexos patogênicos e sobre o núcleo de qualquer afecção nervosa pode reclamar, com justiça, que merece ser encarada por educadores como um guia inestimável na sua conduta em relação às crianças (p. 1439)[3].

---

[2] Lacan, J. Le Séminaire, livre 1. *Les écrits techniques de Freud*. Paris, Seuil, leçon V, 1975.
[3] Freud, S. (1909). Analisis de la fobia de un niño de cinco anos. In: *Obras completas*. Madrid, Biblioteca Nueva, vol.2, p. 1365-1440, 1973. Tradução do trecho citado extraída da *Edição eletrônica brasileira das obras psicológicas completas de Sigmund Freud*, versão 2.0, Imago.

Nesse ponto de sua argumentação, é evidente que Freud confia na informação psicanalítica que pode ser transmitida ao educador. Mas em 1937, no texto *Análise terminável e interminável*, Freud afirma algo bem diferente, ao discutir os efeitos do esclarecimento sexual de crianças:

> Após tais esclarecimentos, as crianças sabem algo que não conheciam antes, mas não fazem uso do novo conhecimento que lhes foi presenteado. Viemos a perceber que sequer têm grande pressa de sacrificar, a esse novo conhecimento, as teorias sexuais que poderiam ser descritas como um crescimento natural e que elas construíram em harmonia com sua organização libidinal imperfeita, e na dependência desta – teorias sobre o papel desempenhado pela cegonha, sobre a natureza da relação sexual e sobre o modo como os bebês são feitos. Por longo tempo após receberem esclarecimentos sexuais, elas se comportam como as raças primitivas que tiveram o cristianismo enfiado nelas, mas que continuam a adorar em segredo seus antigos ídolos (p. 3351)[4].

Essa convicção será estendida ao esclarecimento dos adultos, pois também eles adoram em segredo seus antigos ídolos, ou seja, também se encontram submetidos ao próprio inconsciente. Assim, Freud termina reafirmando o pequeno valor que se deve dar ao conhecimento, quando é atravessado pelas crenças ou determinações inconscientes.

Os primeiros psicanalistas que se debruçaram sobre a tentativa de reunir psicanálise e educação também não avançaram muito em relação às idas e vindas de Freud. Esse mesmo movimento freudiano de apostar e de recuar, de entusiasmar-se e de retomar a prudência, pode ser acompanhado nos sucessivos números da *Revista de*

---

[4] Freud, S. (1937). Analisis terminable e interminable. *Obras completas*. Madrid, Biblioteca Nueva, vol. 3, 3369-3365, 1973. Tradução do trecho citado extraída da *Edição eletrônica brasileira das obras psicológicas completas de Sigmund Freud*, versão 2.0, Imago.

pedagogia psicanalítica, publicada em Viena entre 1926 e 1937[5]. Os primeiros artigos dedicavam-se, por exemplo, à aplicação de noções como a de transferência à relação professor aluno, e não hesitavam em dirigir interpretações para as alunas a respeito de desejos sexuais que nutriam por seus professores. Porém, os artigos do final da publicação exibiam muito mais prudência, e tendiam a afirmar que a psicanálise só serve ao educador por meio de sua análise pessoal.

Ensinar e escutar o professor

Passados quase cinqüenta anos, a discussão está retomada. Ainda que a conexão, a integração, ou mesmo a construção de uma pedopsicanálise estejam fora de cogitação, uma vez que esses esforços só podem levar a reducionismos improdutivos, é necessário, de outro lado, rever a afirmação de que a análise só pode ajudar o educador por meio de sua própria análise.

Freud afirmava, naquele mesmo texto em que se pode verificar a vitória da prudência sobre o entusiasmo, que a leitura da psicanálise pode produzir efeitos interessantes, embora não sejam os mesmos que os produzidos pela análise. No trecho em questão, está em discussão a eficácia da informação que um analista pode oferecer a seu paciente a respeito da existência de outros conflitos, ainda não ativos, que poderiam estar ocorrendo. A informação deveria ativar nele aqueles conflitos apontados, mas isso acaba por não ocorrer. Então Freud observa:

> Aumentamos seu conhecimento, mas nada mais alteramos nele. A situação é muito semelhante à que acontece quando as pessoas lêem

---
[5] De acordo com Filloux, Janine (2002). A transferência na sala de aula. *Estilos da clínica: revista sobre a infância com problemas.* São Paulo, Pré-escola Terapêutica Lugar de Vida, do IPUSP, v. 7, n. 13, p. 42-77.

trabalhos psicanalíticos. O leitor é "estimulado" apenas por aquelas passagens que sente se aplicarem a si próprio – isto é, que interessam a conflitos que estão ativos nele na ocasião. Tudo o mais o deixa frio (p. 3351)[6].

Caso a pretensão seja ensinar psicanálise ao educador em substituição a uma análise, é melhor esquecer. "Não se pode dar um cardápio a quem tem fome."
Mas a afirmação de Freud em *Análise terminável e interminável* deve ser lida com atenção. "O leitor é estimulado apenas por aquelas passagens que sente se aplicarem a si próprio." De fato, esse é um conhecido efeito do contacto com o texto de Freud. Como diz Paul Laurent Assoun (1997)[7], a leitura da psicanálise nunca é anódina:

> O que diz a psicanálise não poderia "deixar-nos indiferentes", como se diz. Trata-se, com efeito, de um *outro saber* que, visando o sujeito no coração, obriga-o ao mesmo tempo a romper com certo não sabido e a autenticar esse saber que não fala de nenhuma outra coisa a não ser... dele próprio! (p. 13)

Assoun sublinha os pensamentos que, de acordo com Freud, vêm ao sujeito durante o tratamento: "nisso eu nunca tinha pensado", ao lado, paradoxalmente, de outro: "eu sempre soube disso". Ora, eles também surgem na leitura do texto psicanalítico, o que não é obviamente o mesmo que uma análise, mas não deixa de movimentar, a partir desse paradoxo frutífero, a pergunta do sujeito em torno do "novo" que está aprendendo e do "velho" que sempre soube a respeito de si mesmo.

A partir da experiência daqueles que vêm se dedicando, de vinte anos para cá, ao ensino e à transmissão de idéias psicanalíticas a educadores, é possível testemunhar o valor dessa leitura para os

---

[6] Freud, S. (1937) *op.cit.*
[7] Assoun, P.- L. (1997) *Psychanalyse*. Paris: PUF.

professores. Ao lado do acesso a um conhecimento (modesto e limitado, como já se disse acima), há outros ganhos, que estão naturalmente longe daqueles de uma análise conduzida no melhor estilo freudiano, mas que também produzem mudanças de posição na relação do professor com os outros e com seu aluno.

Do ensino da psicanálise à escuta do professor

Foi também a partir da experiência de ensino da psicanálise ao professor que surgiram as primeiras propostas de escuta do professor. Ao ler, o professor se pôs a falar, e o psicanalista que ali se encontrava para acompanhar seu "aprendizado" se pôs a escutar. Nasceu assim um dos principais frutos da interlocução entre psicanálise e educação: a escuta analítica do professor. Nesse tipo de prática, pode-se dispensar o divã e o tratamento de longa duração, para ficar apenas (e não é pouco) com alguns efeitos que podem ser chamados de terapêuticos.

Uma dessas experiências é a do Grupo Ponte, um grupo de profissionais que acompanha com professores a inclusão de crianças com DGD. Bastos (2003[8]) relata que a explicitação das produções discursivas dos professores em grupo tem como efeito aquilo que Lacan (1958[9]) chama de *confrontação*, ou seja, produz uma formulação articulada para levar o sujeito a ter uma visão (*insight*) de uma de suas condutas e uma confrontação do sujeito com seu próprio dizer.

Esse "dizer esclarecedor" possibilita que o professor se dê conta de sua implicação naquilo que, num primeiro momento, era visto como um problema exclusivo da criança e a respeito do qual ele só

---

[8] Bastos, M. (2003). *Inclusão escolar: um trabalho com professores a partir de operadores da psicanálise*. Dissertação de mestrado. São Paulo, IPUSP.
[9] Lacan, J. (1958). A direção do tratamento e os princípios de seu poder. In *Escritos*. Rio de Janeiro, Rio de Jeneiro: Jorge Zahar Editor, 1998.

podia lamentar, queixando-se da falta de recursos e preparo, dele e da escola.

Bastos prossegue, afirmando que essa escuta contribui para a instalação, no lugar das certezas, de perguntas e questões que problematizam as interpretações feitas pelos professores às atitudes "estranhas" de seus alunos. Produzem-se novas significações, às quais os alunos não ficam indiferentes. O trabalho escolar é relançado.

Interlocuções

Neste livro, trata-se de fazer interlocuções. Por se tratar, primeiramente, um texto a ser lido, é possível esperar que movimente, faça pensar, provoque ecos e "fale ao coração" do sujeito. Mas, ao se propor como um provocador de *interlocuções*, é de se esperar que faça falarem seus leitores, entre eles. O movimento poderá ser então ampliado, e nele estarão incluídas a escuta e a transmissão, uma transmissão que não será nem melhor nem mais sabida, apenas "bem dita", como bem disse Lacan (1986) a propósito da ética que move a psicanálise[10].

---

[10] Lacan, J. *L'éthique de la psychanalyse*. Paris: Seuil, 1986.

APRESENTAÇÃO

Ivone de Barros Vita e Fernando C. B. de Andrade

*"Aguardai – pois meu talento no bordado permanece insuperável –
até que eu tenha terminado de fazer uma mortalha para o herói Laerte,
que deve estar pronta no tempo em que a morte o levar.
Ele é um homem muito rico, e as mulheres do lugar falarão
se ele for enterrado sem uma mortalha".
Disse isso e meus pretendentes concordaram comigo.
A partir de então, acostumei-me a trabalhar em minha grande teia o
dia inteiro, mas à noite eu desfazia a malha novamente,
à luz de tochas. Enganei-os assim.*

Homero, *Odisséia*, Livro XIX[11]

Uma grande teia

Vem de Homero o genial estratagema posto na boca (e nas mãos) de Penélope: enquanto a rainha de Ítaca esperava pelo retorno de Ulisses, que singrava os mares em sua Odisséia, sem mesmo saber se o esposo ainda estaria vivo, ela adiava o quanto podia um novo casamento através de um bordado interminável, posto que fiado de dia e desfiado à noite.

Ainda que se possa, como quis Homero, enxergar em Penélope o exemplo da mais perfeita fidelidade feminina, também é cabível entender nas atitudes da esposa de Ulisses uma inteligência feminina que resistia às normas de um mundo em que o poder era eminentemente masculino. Há nesse fiar e desfiar um movimento ao mesmo

---

[11] Em *The internet classics archive: the odyssey by homer*. Texto traduzido do grego para o inglês por Samuel Butler e disponível na internet: <http://classics.mit.edu/Homer/odyssey.19.xix.html> Consulta feita em 20 de fevereiro de 2005.

tempo ambíguo e preciso: ambíguo, porque marcado pela contradição entre fazer e desfazer a tarefa, tornando-a interminável e, nesse sentido, impossível. Preciso, porque esse era exatamente o objetivo daquela senhora, interessada em adiar o mais que possível o atendimento às demandas dos novos pretendentes ao trono da ilha, que parecia vazio.

Desse movimento duplo, então, retiramos o sentido que aqui nos interessa. Pois as relações entre psicanálise e educação não são, elas próprias, também contraditórias e precisas? Contraditórias, na medida em que, enquanto a educação pensa a construção do ser humano autônomo e racional, capaz de guiar-se pela luz de sua razão, a psicanálise segue na direção inversa e denuncia, nos fundamentos desse processo, uma dialética permanentemente incompleta entre a consciência e o inconsciente, entre a vontade consciente e o desejo inconsciente, entre a autonomia e o insuperável desamparo psíquico que caracteriza a condição humana.

Nesse movimento, paradoxalmente, encontra-se a precisão com que psicanálise e educação iluminam-se mutuamente: apesar de trabalharem em tendências opostas, podemos afirmar que a tangência de ambas dá-lhes um importante eixo para suportar suas tarefas. A educação, ao concretizar ideais, atesta a plasticidade e a potencialidade animadora dos indivíduos historicamente inseridos numa coletividade – sobretudo quando se encarrega de desenvolver e recriar os processos de adaptação, de constituição da identidade e da autonomia psicológicas. Ao alimentar a esperança na viabilidade do humano, de seus saberes e valores, a educação oferece à psicanálise um campo de estudos extra muros bastante atraente e não menos importante, já que, como queria Freud, primordial para o desenrolar das vicissitudes formadoras do eu às voltas com essa sexualidade precoce e estranha. A psicanálise, por sua vez, oferece à educação o incansável exercício da análise do que permanece aquém do conscientemente sabido e pretendido, tão bem representada no desfiar do bordado, de que a sexualidade é substância nuclear.

Penélope, diante da existência em conflito, é o protótipo de todo homem e de toda mulher: ela busca dar sentido à sua espera – e, por conta disso, fia. Não por acaso, à noite, tempo do inconsciente, ela desfia o sentido antes operado, para reencontrar, no processo, tanto quanto no produto, o fio de sentido há pouco perdido. Seu talento no bordado, portanto, é para nós também excelente imagem da psicanálise enredada na grande teia da educação.

Atravessamentos, interlocuções: a história e as atividades do NEPPE

Atravessamento, segundo o *Novo Dicionário da Língua Portuguesa Aurélio Buarque de Holanda* (Rio de Janeiro: Nova Fronteira, 1986), indica, em artes gráficas, um "defeito de impressão que consiste no traspassamento do papel pela tinta, em geral por excesso de solvente". É interessante pensar nesse significado original do termo, por conta de sua denotação: defeito.

> Atravessamento sugere uma imagem de linhas que se cortam, intersecionam umas às outras em um ou mais pontos. Numa outra imagem, tal interseção pode tomar o caráter de uma tangência, desde que nos lembremos que a tangência supõe também ângulos e não apenas retas.

Defeito, retas, ângulos para tratar das relações entre psicanálise e educação: foi assim que começamos, no Núcleo de Estudos, Pesquisa e Produção em Psicanálise e Educação (NEPPE), em fins de 1995. Movidos pelo mútuo interesse em psicanálise e educação, pesquisadores oriundos do quadro docente da Universidade Federal da Paraíba e para sempre a ela vinculados uniram-se em torno da questão das possibilidades teóricas de iluminar-se a educação a partir das contribuições da psicanálise para o estudo da cultura e do humano, fundando um grupo que, ao longo dos anos, amadureceu teoricamente e se expandiu quantitativa e qualitativamente.

Há um percurso, nessa direção, que já ganhou uma década de experiências, aqui condensadamente apresentadas com o objetivo de situar o leitor nos trajetos que os membros desse Núcleo vêm traçando, cada qual com interesses teóricos e práticos marcados por sua prática profissional. Logo de início, se destaca o fator que os manteve unidos, desde as origens, nesses diferentes percursos: o mesmo objetivo de enxergar os processos educativos em geral (e os escolares em particular) pelo ângulo psicanalítico.

Ainda, trazendo a questão – defeito. Após um período de entusiasmo – quando se pensava que a psicanálise poderia contribuir para a educação por interrogar-se acerca dos efeitos do inconsciente no processo de constituição do humano – as relações entre psicanálise e educação foram vistas, no mínimo, com desconfiança, senão com franca desaprovação. A psicanálise teria a ver, fundamentalmente, com os processos clínicos. As características do inconsciente o tornariam objeto avesso às ambições sistematizantes que marcam a meta educativa. O inconsciente opor-se-ia ao educacional, e a psicanálise pouco ou nada teria a dizer à educação... Senão de seus defeitos!

Foi, então, pela rachadura do defeito que as raízes teóricas da psicanálise e da educação interpenetraram-se. Até hoje, os psicanalistas interessados em educação e os educadores interessados em psicanálise trocam idéias sobre os problemas do processo educativo e da escolarização, sobre suas falhas, a partir dos paradigmas teóricos produzidos pelas diversas correntes psicanalíticas.

Desse mútuo interesse, visto sempre de perspectivas distintas (muitas vezes até opostas), têm sido produzidos estudos sobre dificuldades de aprendizagem da língua, da matemática e de outros domínios do saber; estudos sobre comportamentos anti-sociais ou destrutivos na escola (drogas, violências); além da aparição e do manejo da sexualidade no ambiente escolar. Conceitos fundamentais, como a sublimação e o recalque, além da dinâmica libidinal em torno da transferência, contribuíram para o entendimento das motivações inconscientes no processo de aprendizagem (como o desejo de aprender e de ensinar) e da relação professor/aluno. Se tal entendimento já é clássico, hoje psicanalistas e educadores também vêm debruçando-se criticamente sobre as ambições educacionais em formar um sujeito autônomo, à imagem e semelhança de um ideal que, no fundo, para eles, não existiria senão em função de um ego ideal, sempre ilhado no oceano de determinações inconscientes que o envolve. Tal crítica é certamente bem-vinda, por funcionar como vigilante daquelas ambições educacionais.

Todavia, é importante reconhecer que as articulações da psicanálise com a educação produzem mais. Não o controle ou a modelagem do inconsciente, claro. Nem o descrédito na necessidade de ideais construídos ao longo do processo educativo. Tampouco esse é o interesse. Os atravessamentos produzem interlocuções. Quando considerávamos as raízes psicanalíticas que penetraram na fenda dos defeitos educacionais, era a tais interlocuções que nos referíamos. Interlocuções indicam diversidade de vozes, que por sua vez demandam diversidade de escutas. Aqui, então, psicanálise e educação dialogam.

Nesse diálogo, a psicanálise tem muito a questionar, contribuindo para entender o porquê dos fracassos escolares e da dissolução desse fracasso como sintoma individual, familiar ou mesmo institucional. Seu atento questionamento pode produzir frutos para uma teoria que, em última instância, pensa o humano em termos de relações e dos efeitos dessas relações sobre o mais oculto e dinâmico que também constitui nosso psiquismo.

Ao produzir uma teoria sobre a humanização, a psicanálise, desde Freud, reconhece a força da educação na formação de nossa subjetividade e sociabilidade. Atentando para crianças e adolescentes em situações de risco, inseridas em várias instituições formativas, pudemos perceber as contribuições que a produção teórica e as inspirações metodológicas que a psicanálise pode produzir. Foi saindo daquele que é, por excelência, o espaço psicanalítico – a clínica – que tantas vezes encontramos, em instituições encarregadas da formação de crianças e adolescentes em dificuldades (algumas delas graves e crônicas), os terríveis efeitos da falta de interrogantes capazes de favorecer a necessária elaboração dos sofrimentos na contemporaneidade.

A Educação, por sua vez, tem muito a ganhar com esse olhar / essa escuta por vezes tão perturbante que a sicanálise desenvolve. Pois toda a prática educacional traz consigo, simultaneamente às promessas de uma vida autônoma e mais completa, a pressão pelo atendimento de expectativas e pela transmissão de valores das gerações mais velhas, que recai sobre as mais novas. Isso faz dela uma prática conservadora. Ora, a psicanálise trabalha pela renovação, e insiste em fazer perguntas, em questionar, em criticar o que dos projetos educacionais não consegue cumprir sua finalidade. E, ao fazê-lo, contribui, inclusive, para que educadores e educadoras percebam-se implicados e implicadas na tarefa educativa, animados precisamente pelo que Freud indicou como nela permanente: sua impossibilidade.

Se a educação recebeu do pai da psicanálise esse epíteto, não o foi para ser desmerecida: ao contrário, como ela, a própria prática psicanalítica é impossível porque interminável e, como o governo, põe em questão a viabilidade do processo de humanização, ao mesmo tempo em que afirma sua insistente possibilidade. Educar e psicanalisar, então, são movimentos que, em direções opostas, lidam com a subjetividade calcada no inconsciente, de sorte que se a psicanálise questiona as ambições educativas, a educação (talvez até mais que o governo) examina as explicações que a teoria psicanalítica aventa para os fenômenos humanos em sociedade, pondo-as à prova.

Por conseguinte, bem atentos aos limites inerentes à psicanálise, como indicados por Jean Laplanche, continuamos perguntando: até onde a psicanálise pode ir? Como ela se comporta, extramuros? De que maneira pode a educação beneficiar-se de sua teoria sem transformá-la em um vade-mécum pansófico nem, por seu turno, deixar de testá-la como teoria explicativa do humano?

O NEPPE, nesses dez anos, transitou por corredores-cruzamentos geradores de atravessamentos e interlocuções. Após a certeza da viabilidade de nosso campo de trabalho, interessados em entendê-lo melhor, firmamo-nos sobre o tripé estudo-pesquisa-intervenção. Pela via do estudo, voltamos nossos olhares para pensar as relações de ensino-aprendizagem e as violências, com seus reflexos, inclusive, na educação familiar e na escola. Para tanto, recorremos à obra de Freud, de seus discípulos e à atual produção bibliográfica psicanalítica e educacional sobre temáticas ligadas a sexualidade, violência, instituições, relações pedagógicas, jogos, (in)disciplina, ética, formação do educador – para citar algumas dentre as que nos incitaram. Acompanhamos mais de perto os textos de Maria Cristina Kupfer, que, no Brasil, pertence aos pioneiros desse movimento de interlocução entre psicanálise e educação. Não é com nossos autores que mantemos laços transferenciais importantes para fazer avançar nosso conhecimento?

Com essas leituras, revigoramo-nos em nossas posições e, como decorrência quase natural do estudo, pesquisa e intervenção foram delineando-se rapidamente. De 1995 a 1998, o acompanhamento de duas escolas envolvidas com a questão das violências forneceu-nos material abundante para pensar a instituição escolar pela teoria psicanalítica. Entre 1999 e 2000, o NEPPE ofereceu cursos para educadores e educadoras interessados nesse olhar psicanalítico, discutindo com eles e elas algumas das questões educativas e escolares: ouvir esses profissionais alimentou nossos estudos e motivou-nos a avançar.

Também em 2000, o Núcleo prestou, na condição de equipe consultora, intenso acompanhamento de uma instituição escolar para menores em situação de risco social, em caráter de assessoramento teórico, escuta em supervisão e de consultoria administrativa. Durante 2001, fizemos uma passagem pelo universo da psicopedagogia, com suas elaborações em torno do diagnóstico, do tratamento e da resolução dos distúrbios de aprendizagem.

Entre 2002 e 2003, alguns membros do Núcleo atuaram como assessores de profissionais que trabalham com vítimas de violência no Estado, experiência riquíssima que terminou por guiar a pesquisa e a intervenção de todo o grupo. A publicação de artigos e a participação em eventos ligados à psicanálise e à educação garantiram outra forma de registrar nossa produção. O ano de 2004, por sua vez, foi rico em estudos e produção teórica: nele formulamos e realizamos o projeto deste livro, retomando e criando textos para organizá-los numa coletânea.

Também realizamos, bienalmente, jornadas de psicanálise e educação, abertas a educadores, psicanalistas e outros profissionais envolvidos com a formação humana. Nelas contamos com a presença inspiradora de especialistas de outras instituições e de outros Estados: sua companhia, seu exemplo e suas idéias animaram nosso desejo de continuar, de divulgar e trocar idéias nesse campo de trabalho. Assim, em 1999, a I Jornada tratou das fundadoras interseções psicanálise-educação. Em 2001, nossa II Jornada considerou a infância e a adolescência no contexto institucional. Em 2003, a III Jornada pensou in/exclusões sob uma perspectiva institucional e escolar. Em 2005, estamos preparando a IV Jornada, a realizar-se no segundo semestre.

Também por conta das jornadas fizemos contatos com centros mais avançados nesse estudo, representando nosso Núcleo em colóquios e encontros, trazendo, para nossas jornadas, especialistas. Além desses contatos, ao longo de uma década pudemos contar com a contribuição de diversos profissionais que, mesmo não formalmente vinculados ao Núcleo, tiveram ou têm uma participação ativa nos nossos trabalhos. Nesse sentido, o NEPPE afigurou-se como uma referência para seus membros, um espaço acolhedor para o estudo, a pesquisa e a produção sobre as problemáticas abarcadas pelas articulações entre psicanálise e educação.

(Des)fiando a trama: a estrutura deste livro

Esta publicação, resultante também de todas essas atividades, pretende ser um pequeno retrato de uma rica convivência profissional ao longo de dez anos, que agora compartilhamos com você. O primeiro texto foi escrito por Cristina Kupfer: em "Psicanálise e instituições", uma das conferências proferidas durante a II Jornada de Psicanálise e Educação, em 2001, ela discute, com humor inteligente, as articulações entre psicanálise e educação – e foi, por isso, escolhido como primeiro artigo.

"Infância e adolescência marginalizadas e espaços institucionais", escrito por Ivone Vita, pensa a importância de se transformarem as instituições formativas em espaços de acolhimento capazes de mudar o quadro de sofrimento de crianças e adolescentes marginalizados em nosso país: o olhar psicanalítico confere à autora a habilidade de enxergar, a partir do relato de uma experiência com um adolescente institucionalizado, a função formadora (quando não reparadora) desses espaços, no sentido de oferecer limites e identificações indispensáveis à subjetividade de pessoas marcadas, desde cedo, pelo desamparo.

Em "A escola e a criança desenquadrada", Vera Esther Ireland extrai, de sua experiência profissional, o relato de uma educadora que se decidiu a acompanhar uma criança em situação de risco familiar: a escuta psicanalítica e a atenção flutuante a materiais inconscientes mostram-se magnificamente nesse texto, apontando para a importância da escola em meios populares e, nessa escola, de educadores e educadoras formados para oferecerem, em seu serviço educacional, esse diferencial do engajamento com a vida dos educados.

O trabalho de Pierre Normando da Silva constitui densa reflexão que, partindo da semiótica, alcança a psicanálise para pensar o jogo: "Jogo, cultura e pulsão: uma semiótica dos brinquedos e dos brincantes" é síntese de parte de sua tese de doutorado e discute a importância de que o educador / a educadora atente para as múltiplas comunicações inconscientemente produzidas pelo alunado quando joga – até mesmo quando os adultos não conseguem reconhecer o momento criativo do jogar.

Iraquitan Caminha, levando em conta os paradigmas rousseauniano e kantiano, aplica a solidez de sua reflexão filosófica ao problema da educação moral em "Educar o homem que deseja", insistindo na necessidade de considerar-se a força desiderativa humana como elemento indispensável de uma teoria educativa que pretenda atender às várias dimensões do humano – inclusive a espiritual.

Fernando de Andrade, em "Uma (im)possível tarefa: a formação dos valores face à violência na escola" discute os limites e as possibilidades de uma educação moral com vistas à superação das várias formas de violência na escola. Para tanto, considerando algumas contribuições da psicanálise ao debate psicológico sobre desenvolvimento moral, lança mão de conceitos que a teorização psicanalítica sobre a violência desenvolveu ao buscar entender fatores psíquicos que concorrem para manifestações violentas.

Ivone Vita traz o texto "De que pode falar o mal-estar na educação?" que aborda a questão do mal-estar na educação tentando traduzir o que ele fala. Faz, portanto, uma leitura de seus meandros, dos bastidores do seu cenário, onde estão inseridas as equipes de trabalho, a família e os educadores.

Por fim, Edna Dias apresenta suas reflexões acerca das freqüentes interferências que fatores inconscientes – como os desejos, as identificações e os conflitos psíquicos – exercem sobre a intersubjetividade, na construção do projeto político-pedagógico das escolas, em seu capítulo "Observações psicanalíticas sobre a construção do projeto político-pedagógico: notas para reflexão".

Como se poder ver, os textos aqui publicados permitem que você também faça seu trajeto reflexivo: eles estão unidos pelo fio das articulações entre Psicanálise e Educação, remetendo-se mutuamente, mas também podem ser lidos em separado ou numa ordem conforme sua escolha e necessidade.

Psicanálise e instituições

Maria Cristina Kupfer[12]

Se já assistimos à queda do velho muro entre o individual e o social, deixando para trás a divisão estrita entre a psicologia e a Sociologia, não tem sido fácil, de outro lado, fazer cair o muro que tem separado de forma mecânica e definitiva as práticas dirigidas ao singular do sujeito e aquelas realizadas no interior das instituições, que supostamente se colocam em oposição a esse singular por estarem atreladas ao caráter normativo e geral dessas instituições.

São muitos os argumentos e críticas dos grupos psicanalíticos ortodoxos que não vêem nas práticas institucionais e grupais formas legítimas do exercício da psicanálise.

Mas não são poucos, igualmente, os autores e praticantes institucionais que vêm desenvolvendo teorizações, apontando fundamentos

---

[12] Doutora em psicologia escolar e do desenvolvimento humano pela USP. Psicanalista. Professora do Instituto de Psicologia da USP. Diretora da Pré-Escola Terapêutica Lugar de Vida. Coordenadora do LEPSI IP/FE-USP e co-editora de *Estilos da clínica. Revista sobre a infância com problemas*.

e demonstrando que as práticas institucionais merecem ser chamadas de psicanalíticas. Será que, no próximo milênio, já teremos discutido o suficiente para afirmar que o campo da **clínica psicanalítica** pode ser ampliado a ponto de nele incluir as práticas institucionais? Poderemos assistir, em decorrência dessa inclusão e dessa ampliação conceitual, ao nascimento de uma legítima clínica psicanalítica sem divã?

Primeiro, os detratores. "A única forma de aplicação possível da psicanálise é na clínica psicanalítica", afirmam eles, invocando Lacan, que afirmava ser a clínica o campo da psicanálise aplicada – psicanálise em intensão – enquanto a psicanálise "pura" era prerrogativa da psicanálise em extensão, ou seja, do discurso psicanalítico praticado fora dos consultórios. (*apud* CALLIGARIS, 1992/93). Para os críticos das práticas institucionais, a pergunta é: se a clínica psicanalítica é a clínica do singular, como colocar mais de um no divã sem que isso se transforme em "suruba"? Ou, falando mais seriamente: os discursos em circulação são vários, mas o seu enodamento com a pulsão não permite a entrada de mais de um corpo. Dito de outro modo, como articular o que é específico da construção da pulsão, apoiada no princípio da autonomia do simbólico?

Atualmente, entre os críticos dessa abordagem, sempre que se fala em instituições a conversa enveneda invariavelmente pelas instituições psicanalíticas. Durante a reunião chamada de Estados Gerais da Psicanálise, em julho de 2000 em Paris, causava espanto que a discussão sobre as instituições ficasse restrita às instituições psicanalíticas, quando sabemos que a imensa maioria dos psicanalistas franceses desenvolve uma prática em hospitais, EMPs, instituições de saúde mental. Será que nada de sua prática de *cabinet* se imiscui nas práticas "psicoterapêuticas" do período da manhã? Será que não se inquietam com essas misturas "espúrias"? Por que a psicanálise que se pratica nas instituições não surge no discurso oficial da psicanálise? As vozes desses praticantes se fizeram ouvir muito pouco, mas de forma envergonhada, nos momentos em que se dava a palavra ao público.

As críticas às práticas institucionais não têm evitado, porém, a proliferação de profissionais com formação psicanalítica que têm desenvolvido nas instituições uma prática psicanaliticamente orientada. Assim, a teorização em torno do modo como a psicanálise está presente nas instituições não parou de progredir e de crescer. Embora ainda haja muitos problemas por resolver, a inevitável clínica que nelas se impõe pede essa formalização teórica, para não cair no empirismo vazio e nas distorções perigosas que a prática sem dialetização provocada pela reflexão teórica produz.

Vamos trabalhar com a seguinte hipótese: existe o tratamento-padrão, dirigido a um sujeito singular, cuja *démarche* é a de tocar o real pelo simbólico, e que supõe a travessia de um fantasma. Mas existem também outras práticas psicanalíticas que não "alcançam" o fantasma, e que podem ter uma *démarche* inversa da do tratamento padrão – vão do real em direção ao simbólico – e se baseiam no princípio de que o inconsciente está estruturado como uma linguagem[13]. A hipótese é a de que essas práticas deveriam figurar em um campo que podemos chamar de clínica psicanalítica ampliada, já que não se confundem com o tratamento padrão, mas representam uma forma de ampliação do campo freudiano originalmente construído para abarcar o trabalho com as neuroses. Pode-se mesmo dizer que a clínica psicanalítica de crianças também não se confunde com o tratamento-padrão, já que ela inclui, por exemplo, escuta de pais, além de outras práticas pouco ortodoxas[14], mas pertence a esse campo que é a clínica psicanalítica ampliada.

No presente artigo, estaremos focalizando especialmente a clínica psicanalítica com crianças psicóticas, clínica na qual o divã – tanto o sofá quanto o tratamento clássico – fica bem deslocado, para não dizer impossível!

---

[13] Embora esse aforismo tenha sido revisto pelo próprio Lacan, justamente porque ele não resolve o problema da articulação entre *a* e *S1*, ou entre linguagem e pulsão, a clínica institucional, que não opera com o objeto, poderá se valer dele sem maiores problemas.
[14] Sobre essas práticas, que têm um parentesco com a educação, ver KUPFER, M. C. A psicanálise na clínica de crianças: o enfrentamento do educativo. *Anais do I Colóquio do Lugar de Vida/LEPSI*. São Paulo, Lugar de Vida/LEPSI, 2000 (no prelo)

Essa hipótese ajuda a acabar com alguns mal-entendidos. Veja-se, por exemplo, o que diz Mannoni. Ela afirma que em Bonneuil, uma escola para crianças débeis, autistas e psicóticas, não se pratica a psicanálise. Mas diz, em *Um lugar para viver* (1979), que em Bonneuil a psicanálise está em todo lugar! De fato, o que Mannoni está afirmando é que o tratamento-padrão não deve ser praticado em seu interior – e isso também se pode questionar. Outra coisa, porém, é a presença da psicanálise na montagem, na estrutura mesma da instituição, na proposta de uma instituição que ela chamou de estourada, e que segue os princípios de funcionamento da linguagem. Mannoni propõe o que ela chama de alternância entre os vários espaços institucionais. Ao fazer a criança circular alternadamente entre esses diversos espaços – a escola, o lar terapêutico, a família no campo – a tentativa é a de fazer surgir, pela ausência ou iância que se cria entre os espaços, a falta, um registro do que não está mais. A montagem da instituição reproduz uma cadeia de significantes, e se espera que o sujeito surja no intervalo entre eles. Aí está a psicanálise, naquilo que ela poderia produzir com a introdução da criança psicótica no registro do simbólico.

Virginio Baio (1992), psicanalista que trabalha em uma instituição belga para crianças neuróticas e psicóticas, chamada "O Courtiul", também alerta para essa distinção. Segundo ele, é bom não confundir as condições da psicanálise com as condições de sua aplicação em um sujeito particular.

A condição da psicanálise pode ser enunciada, segundo Baio, assim: o inconsciente está estruturado como uma linguagem (o que é, aliás, exatamente a hipótese que está por trás da instituição estourada de Mannoni). Mas a condição para a sua aplicação a um sujeito particular é a presença de uma pré-interpretação do sintoma feita pelo sujeito.

Partindo das condições da psicanálise, é possível propor, como faz Baio, ateliês e trabalhos institucionais nos quais intervêm as leis da metáfora e da metonímia, entre outras. É por isso que se pode acrescentar o seguinte: os ateliês, a oferta da escrita, de passeios, de brincar no parque, são todas elas propostas de modalidades discursivas e mesmo de outras linguagens que buscam oferecer entradas no simbólico por outras vias de acesso, já que a estrada principal – a fala – não produziu a subjetivação que dela se esperava. Essa mesma distinção – entre o que é analítico propriamente dito e o que pode ser entendido como trabalho centrado no Simbólico – é colocada por Béatrice Boudard (2000), que lança mão da maquinária dos discursos para precisar essa distinção. Ela afirma:

> Dentre os discursos, somente um é excluído, por princípio, das entrevistas (com os pais): o discurso analítico. (...) Há, de fato, uma interdição maior em *Antenne* que vem de uma posição ética: a interdição de interpretar, ou seja, de tocar na fantasia do outro, quer se trate dos pais, das crianças ou dos educadores. Em *Antenne* nós trabalhamos no nível da cadeia significante, no nível da alienação e não do objeto (BOUDARD, 2000, p. 67).

O discurso analítico comparece nessa perspectiva como "ponto de chegada potencial". Trabalhar na cadeia significante, de outro lado, significa fazer o sujeito atravessar um período que corresponderia grosso modo[15] ao das entrevistas preliminares, a partir do qual poderão surgir questões que se tornarão demanda, sendo aquela dirigida a Dora por Freud o eixo desse tempo das entrevistas preliminares no tratamento-padrão: "Qual a sua parte nisso?"

No caso de pais de crianças psicóticas, trabalhar no nível da cadeia significante é também fazê-los perceber que para diferentes pais os sintomas não têm a mesma significação, o que contribui fortemente para a "quebra da repetição especular entre pais e filhos ao redor do sintoma" (MARTINS DE OLIVEIRA, 1998). E é também operar em

---

[15] D. Haarscher, também no Courtil, prefere falar de um prévio ao preliminar no trabalho das entrevistas, porque o preliminar já integra estruturalmente uma análise, enquanto a escuta dos pais não leva necessariamente à análise. Ver HAARSCHER, D. (1989), Du préalable au préliminaire. *Les Feuillets Psychanalytiques du Courtil,* n. 1.

uma referência à linguagem, ao simbólico, à lei e, portanto à castração, tendo como norte a operação de separação.

Na Pré-Escola Terapêutica Lugar de Vida, do Instituto de Psicologia da USP, que recebe para tratamento crianças com patologias variadas e graves o suficiente para retirá-las da escola e da circulação social – busca-se praticar o que se está chamando de clínica psicanalítica ampliada. A urgência ditada pela clínica dos transtornos graves, aliada à necessidade de realizar encontros mais fecundos entre os muitos profissionais desse campo, produziu uma clínica interdisciplinar peculiar, mas nem por isso menos psicanalítica.

Dentre esses encontros fecundos, destaca-se aquele com a educação especial. Desse encontro, surgiram formas de tratamento que visam atender à necessidade de recolocar a criança em circulação social – a escola é um dos meios mais eficazes para isso – ao mesmo tempo em que precisam ir, por causa do próprio da psicose[16], na contra-mão das formas psicanalíticas clássicas.

É Freud que dá o ponto de partida para esse reforço:

> O tratamento psicanalítico clássico repousa sobre condições precisas que podem ser resumidas pela expressão "situação analítica"; ele exige a formação de estruturas psicológicas determinadas, uma atitude particular em relação ao analista. Onde elas não existem – na criança, no adolescente a-social, de modo geral também no adolescente dominado por suas pulsões – é preciso recorrer a outros meios que não a análise, de modo a encontrar o mesmo objetivo (FREUD, 1925, p. 3216).

Assim, é possível, para Freud, recorrer a outros meios, outras práticas que não o tratamento padrão, porém **com os mesmos**

---

[16] Ver, a respeito, a noção de psicanálise invertida, cujos principais eixos estão mencionados em KUPFER, M. C. M. A presença da Psicanálise nos dispositivos institucionais de tratamento da psicose. *Estilos da Clínica*. São Paulo, Pré-Escola Terapêutica Lugar de Vida, do IPUSP. Ano 1, n. 1, 2º semestre de 1996, p. 18-33.

objetivos. No caso da psicose infantil, trata-se de bordejar o Real – Real que se manifesta pela irrupção do gozo invasivo de seu Outro – através da construção de anteparos simbólicos; no tratamento-padrão da neurose, o objetivo também é o bordejamento do Real, através porém de um reordenamento, de uma re-historização de suas antigas bordas. Desse modo, educar, pensando a educação como construção de bordas, pode ser um meio que não a análise e que pode ter seus mesmos objetivos. Clínica psicanalítica ampliada.

No Lugar de Vida, há todo um movimento na direção de recolocar as crianças na escola, pensada como um lugar possível de produção de laços sociais simboligênicos. Há também, como já se disse, uma proposta de introduzir para elas outras formas de linguagem ou o conjunto da cultura dos homens, já que essas modalidades discursivas – a música, o teatro, as histórias – não são outra coisa senão o desdobramento dos estilos dos homens na tentativa de fazer face à sexualidade e à morte. Diante desse desfile, caberá às crianças "pegar ou largar", como diz Baio.

Nesse contexto, adquire especial importância a aprendizagem da escrita, que pode ser pensada como outro meio que não a análise, mas que tem o mesmo objetivo. Através da escrita, outra oportunidade de subjetivação poderá surgir, já que a escrita possui um poder subjetivante. Quando se escreve, não há um sujeito no início que dirige o movimento das palavras; ao contrário, deixar-se levar pela pena e pelo encontro das palavras poderá fazer surgir, como efeito desse encontro, o sujeito. Para algumas crianças psicóticas, que já deram sinais de que se deixaram tocar pela escrita – "qué quevê", elas dizem – a escrita pode ser uma saída para a emergência subjetiva. Foi o que aconteceu com uma dessas crianças, que disse, depois de ter conseguido escrever *Antônio*, seu nome: "Achou Antônio!"

Finalmente, há argumentos que contribuem de maneira particularmente poderosa para a tese de que psicanálise e instituições não são termos antinômicos. Tais argumentos vêm dos estudos que articulam a psicanálise com a cultura ou com os discursos sociais. O inconsciente é o social, e o sujeito emerge no ponto de articulação entre seu fantasma (ou fantasia, tradução correta do *fantasma* francês) e o discurso social. Portanto, o sujeito é social. Ou, conforme afirma Calligaris (1992/93): O inconsciente não é um depósito mnésico individual. Ao contrário, como Lacan diz, ele é intrasubjetico, ou seja, é a rede dos laços de linguagem, os discursos que nos organizam e pelos quais somos produzidos como sujeitos. A cena analítica, o consultório de um analista, é um lugar povoado por uma multidão indefinida. Desde que o sujeito fala, articula-se uma rede que se estende indefinidamente, da qual ele é efeito.

Ou seja, a suruba é inevitável!

Nos albores da psicanálise, Freud, ao escrever sobre as histéricas, parecia haver desvelado um sofrimento íntimo, que estivera ali desde sempre, à espera de que um doutor Freud se dispusesse a ouvir. Mas, passados trinta anos, a revelação é outra: de fato, um mal-estar na civilização havia posto aquelas mulheres para falar. Freud fez-se o endereço dessa mensagem, até então sem Outro na qual pudesse aportar. Inventou com isso, ao mesmo tempo, o inconsciente e a transferência, já que um não se manifesta sem outro (nesse caso, Outro também). Mas o inconsciente que ele sistematizou é justamente transubjetivo, o que faz da histérica, desde o início, um sujeito social, efeito das determinações discursivas de seu tempo.

> "No mais íntimo, o mais social", eis como M. Helena Patto (2000) comentou uma frase de Adorno[17], mas Freud poderia ter dito exatamente o mesmo. No mais íntimo, o mais social. Como é bonita essa *tournure*, que nos faz ir tão fundo para reencontrar o que é mais propriamente humano, aquilo que nos é comum, o *socius* fundador de nossa humanidade e que nos permite fazer o caminho oposto. No mais social, o mais íntimo.

---

[17] Eis a frase de Adorno, que M. Helena Patto comentou em sua fala no I Colóquio do Lugar de Vida/LEPSI: "Uma psicologia social analítica teria que descobrir as forças sociais determinantes nos mecanismos mais íntimos do indivíduo, e não expulsar da psicanálise as pulsões, a teoria da libido, a importância das recordações infantis, a compulsão à repetição, etc.".

Vamos fechar (em mais de um sentido) com Freud:

> A psicologia individual limita-se, certamente, ao homem isolado e investiga os caminhos pelos quais ele tenta alcançar a satisfação de seus impulsos. Mas somente muito poucas vezes e sob determinadas condições excepcionais lhe é possível prescindir das relações do indivíduo com seus semelhantes. Na vida anímica individual aparece integrado sempre efetivamente, [o outro] como modelo, objeto, auxiliar ou adversário, e deste modo a psicologia individual é ao mesmo tempo e por princípio psicologia social, num sentido amplo, mas plenamente justificado (1920, p. 2563).

Referências bibliográficas

BAIO, Virginio. Orientation psychanalytique dans une institution. *Les feuillets psychanalytiques du Courtil.* p. 40-52

BOUDARD, Béatrice. Os quatro discursos no trabalho com os pais. In: KUPFER, M. C. *Tratamento e escolarização de crianças com distúrbios globais de desenvolvimento.* Salvador: Ágalma, p. 63-73.

CALLIGARIS, Contardo À escuta do sintoma social. Entrevista. In: *Anuário brasileiro de psicanálise.* Rio de Janeiro: Relume-Dumará, 1992/1993, p. 11-22.

FREUD, Sigmund. (1920) Psicologia de las masas y analisis del "yo". In: *Obras completas.* Trad. Luis Lopez-Ballesteros y de Torres. 3 ed. Biblioteca Nueva, Madrid, v. 2, 1973, p. 2563-2610.

FREUD, Sigmund. (1925) Prefacio para um libro de August Aicchorn. In: *Obras completas.* Trad. Luis Lopez-Ballesteros y de Torres. 3 ed. Biblioteca Nueva, Madrid, v. 3, 1973, p. 2563-2610.

MANNONI, Maud. *Un lieu pour vivre.* Paris: Seuil, 1979.

MARTINS DE OLIVEIRA, Lina G. *A escuta psicanalítica dos pais no tratamento institucional da criança psicótica.* Dissertação de mestrado no Instituto de Psicologia da USP, 1999.

PATTO, M. Helena. Ética e mal-estar na educação: apontamentos para uma reflexão. *Anais do I Colóquio do Lugar de Vida/LEPSI.* São Paulo: Lugar de Vida/LEPSI (no prelo).

INFÂNCIA E ADOLESCÊNCIA MARGINALIZADAS E ESPAÇOS INSTITUCIONAIS

Ivone de Barros Vita[18]

Do lugar de analista, tenho escutado, há algum tempo, histórias de crianças, adolescentes e instituições, que me fizeram refletir e me interrogar sobre as crises e dificuldades que perpassam, marcadamente, a infância e adolescência contemporâneas nas classes desfavorecidas, e a situação das instituições e seus integrantes que delas se dispõem a cuidar.

Parti, a princípio, não com a idéia de que as crianças e jovens que vivem com suas famílias e dispõem – "muito bem, obrigada" – do que a modernidade oferece estivessem numa posição subjetiva confortável frente à avalanche de demandas que lhes são postas. Ocorreu-me, inicialmente, que, diante do grande fosso existente entre os problemas vividos por jovens e crianças desassistidos e o que se tem feito para ajudá-los, talvez estejamos, ainda, muito distantes do que acreditamos ser possível realizar. Diante do visível, mas

---

[18] Psicanalista, psicóloga e pedagoga. Doutora em Filosofia e Ciências da Educação (Salamanca – Espanha). Ex-docente do Centro de Educação da UFPB.

inexplicável mal-estar suscitado por essa constatação, vi-me urgentemente compelida a tentar decifrá-lo. Na verdade, após tantos anos de clínica psicanalítica, perguntava-me com que coisa novamente me defrontava quando, em pensamento, revisitava a infância, que já anteriormente incorporara como campo de trabalho.

Sabemos que a surpresa, o inesperado, ou a "inquietante estranheza" de que fala o inconsciente são o "pão nosso de cada dia" de qualquer analista. Falo, mais particularmente, do mal-estar que me sobreveio no contato mais direto com instituições, não necessariamente escolares, que se dedicam a cuidar dessa infância abandonada. O trabalho de consultoria e supervisão me possibilitou constatar, de forma mais pungente, que aquelas crianças e adolescentes vivem uma situação insólita e perigosa: dispõem de parcos recursos psíquicos para dar conta de seu amedrontamento, frente aos duros golpes e privações a que foram submetidos em tenra idade e que lhes lancetaram a alma, sofrem agressões, são desrespeitadas e têm no rosto estampada a miséria humana, a destrutividade de Tânatos.

Cidadãos brasileiros, todos conhecemos histórias dramáticas desse mundo (submundo?) infanto-juvenil. Para não ir muito longe, salta à vista a languidez ou o ar desafiador de onipotência de crianças e adolescentes nos semáforos da cidade, nas calçadas onde fazem seus leitos, nos arredores de restaurantes. Meninos de/da rua, meninos e meninas da noite ou do dia, entregues à própria sorte, às vezes – diria, até –, com sorte de terem podido escapar da violência a eles infligida em suas próprias casas.

Esse quadro, de tão comum e corriqueiro, parece ter banalizado o conhecimento que dele temos, como se não mais nos causassem o mínimo espanto ou admiração os corpos esquálidos, maltrapilhos, vergastados pela dor do abandono. Aos menos avisados, ocorre pensar, também, que toda a miséria que assola a infância e adolescência brasileiras é fruto, apenas, da situação sociopolítica nacional. Certamente, o exame cuidadoso da questão, mediante uma escuta e um olhar mais acurados, revela sua significativa complexidade, que envolve aspectos por vezes ignorados. Não à toa, Freud –

certamente se reportando à citação bíblica – lembrava a importância de ter "olhos para ver e ouvidos para escutar".

Ao transitar pelo universo institucional a que acabo de me referir, deparei com questões que dizem respeito tanto ao lado oculto/revelado de crianças e adolescentes quanto ao lado das instituições que os acolhem. Pretendo, aqui, tecer considerações sobre as interfaces da psicanálise, das instituições e da educação, lançando um olhar particular sobre o entrecruzamento das histórias, das expectativas duplas que se inscrevem na "nova" trama tecida com o ingresso dessas crianças e adolescentes nas referidas instituições, e, assim, examinar o mal-estar, os conflitos e as crises vividos de parte a parte.

Caminhos e descaminhos...

Quando a instituição recebe crianças ou adolescentes marcados pelo "desfavorecimento", todos os envolvidos com essa chegada, inclusive adolescentes e crianças, são acometidos por um sem número de indagações e orientados pelas mais variadas concepções. Nesse primeiro momento, as instituições se vêem diante de uma situação ora comum – a de receber uma criança ou um adolescente, por exemplo; ora inusitada, como a de um interno, de 12 anos, que urinara no jardim em plena luz do dia; ora extremada – caso de José Francisco, que subira ao telhado e, parodiando uma antiga marchinha carnavalesca, dizia: "daqui não saio, daqui ninguém me tira!" – ou de Madalena, 13 anos, que teve uma disenteria ao fazer a primeira refeição no refeitório da instituição, recusando-se terminantemente a se lavar.

Quem são essas crianças e esses adolescentes? De onde vêm? Por que estão ali? Tantas são suas histórias, que custo a decidir a qual deles lhes deveria apresentar: a Daniel – 14 anos, três cirurgias no intestino, de que lhe fora retirado mais de um terço, e portador de estreitamento do duodeno –, que, emudecido pela violência sexual, costumava, furtivamente, colocar o estilete "no pescoço de um" para tomar o relógio? Ou a Zé Pequeno – 13 anos, nervoso, agitado, cheio de arranhões pelo corpo – que queria "matar um vivo" e vivia metido em encrencas?

Zé Pequeno fora abandonado pelos pais. Segundo sua avó, havia sido registrado por um homem, que não é seu pai. Dizia-se ela penalizada por ele não saber quem é o pai biológico – uma pessoa "de família", segundo afirmava. A mãe de Zé Pequeno, muito "braba", tentara matá-lo, assim como tentara matar uma cunhada sua. Zé Pequeno, que falava muito palavrão, jurara, certa vez, "botar os fatos [as vísceras] da velha [sua mãe] pra fora". No abrigo e escola "Casa São José", Zé Pequeno só queria **catar lixo** *e fazer sexo com os meninos. Nunca sabia de nada; estava sempre com sobrosso...*

Crianças e adolescentes com desventuras tamanhas buscam incessantemente a reparação de faltas. A denúncia de maus tratos anteriores é constante, e, ao ouvi-los de perto, os membros da instituição logo se colocam na posição de "salvadores da pátria", a quem, pretensamente, compete lhes propiciar "uma nova vida" – como se lhes fosse possível apagar a "outra"! Assim é que se mobilizam, empenhando-se em fazer valer, a qualquer preço, os plenos direitos de crianças e adolescentes sob seus cuidados. Inconscientemente, adotam posturas contraditórias, ao mesmo tempo em que se mostram desejosos de que os "réus" (pais, instituição, polícia, curadoria) sejam também punidos a todo custo. Há os que cruzam os braços, como se não houvesse nada a fazer, a não ser aturar os internos e continuar "empurrando a situação com a barriga"; há, ainda, os que vislumbram a possibilidade de que aquelas crianças e adolescentes possam, de alguma forma, estabelecer laços afetivos e sociais. Nesse último caso, incluo as equipes ou instituições que evidenciam um grau maior de investimento pessoal em relação àqueles que acolhem, e, portanto, se dispõem a dar o suporte possível para a efetivação de mudanças que possam vir a minimizar a situação de desamparo que se lhes apresenta.

Não é absurdo afirmar que membros de instituições que "elegeram" esse tipo de atividade – professores, pais sociais, diretores, assessores técnico-pedagógico-administrativos, psicólogos, assistentes sociais e equipes de serviços gerais – não se colocam frente àquelas crianças e adolescentes de forma neutra e deslibidinizada, podendo, até, reconhecê-los como sujeitos de seu desejo. Importante é considerar que a transmissão de mensagens, conteúdos, ações, e mesmo a educação passa muito menos pelo planejado, organizado, do que por aquilo que escapa à consciência.

Dona Dagmar, cozinheira da Casa Lar Frei Francisco, desde o dia que vira Toinho Labareda, menino de 10 anos, zanzando pelo pátio, quebrando os galhos da laranjeira e jogando a metade da lata de creolina no pé de umbu por ela plantado, pensou no quanto lutara para que aquelas árvores ficassem frondosas. Ficara chocada com o que vira e ali se havia presentificado na figura daquela criança, cujo desamparo também percebera. Olhou no fundo dos olhos do menino, cumprimentaram-se, ao tempo em que ela lhe passou também forte repreenda. Teve atitude firme, e também lhe deu uma punição. Dias e dias depois, Toinho Labareda lhe pediu que adoçasse sua caneca de café preto. D. Dagmar atendeu seu pedido e acenou. A partir daquele dia, todas as noites, antes de sair para casa, ela lhe conta histórias.

Luis, professor de Educação Física, foi curto e grosso com Reginaldo, recém-chegado à instituição: "Você pensa que aqui é a 'casa da mãe Joana', onde você pode fazer o que quer e ficam todos se culpando ou paparicando você pela repreensão? Vou mandá-lo direto para a sala das 'mariquinhas', das palmatórias! Lá, você vai ver o que é bom pra tosse!!" Reginaldo nem tivera tempo de explicar que sequer tocara os bastões de ginástica...

Pode-se pensar no deslocamento de lugar de Toinho Labareda, que passou a adquirir outros referenciais estruturais e a ser reconhecido em outro lugar – que não o de trombadinha, como fora tachado quando a Curadoria o mandou para a instituição – por dona Dagmar, que lhe oferecera a possibilidade de que assumisse seus atos e disso tirasse algum proveito e, a seu modo, passara a lhe dedicar afeição. Com suas histórias, adoçava a aspereza da vida daquele menino e abria espaço para o curso de sua fantasia, assim lhe possibilitando situar-se perante os próprios desejos e expressar suas angústias e afetos.

E Reginaldo? Com o professor Luis, não tinha a menor possibilidade de ascender ao estatuto de sujeito. Deslocamentos, movimentos, mudanças sequer poderiam ser cogitados. Ali, naquela situação, Reginaldo via refletido o que desde sempre vivera com seu pai, que costumava chegar bêbado em casa, querendo "tirar os miolos de um".

Toinho Labareda e Reginaldo, tocados pelo viés transferencial, estavam, por ocasião do contato com dona Dagmar e professor Luís, abrindo ou fechando as portas de seu novo existir, enquanto esses adultos, em seus movimentos contratransferenciais, respondiam ao que, internamente, experimentavam, reportando-se a suas vivências particulares de dor, frustração, angústia e agressividade.

Recorro a Catherine Millot para melhor compreender os pontos de tangência entre os educadores e as situações acima. Lembra a autora que a

> psicanálise permite elucidar (...) a bem conhecida função de modelo, de exemplo, que cumprem pais e educadores. É a partir do jogo de transformações da libido objetal e da libido narcísica, que a criança assimila traços das pessoas que a cercam e se apropria de suas exigências. Durante o período de latência, são os professores e, em geral, as pessoas encarregadas de educar as crianças que tomarão para estas o lugar dos pais, particularmente do pai. E herdarão os sentimentos que tinham para este último à saída do complexo de Édipo. Os educadores, investidos da relação afetiva primitivamente dirigida ao pai, se beneficiarão com a influência deste sobre a criança, podendo assim contribuir para formação do seu ideal - do - eu (MILLOT, 1995, p. 86).

Nesse momento, sei pouco ou quase nada a respeito de dona Dagmar, do professor Luís, de Reginaldo ou de Toinho Labareda. É possível, no entanto, que, examinando esses fragmentos, possamos compreender a relação de investimento *versus* contra-investimento, o acolhimento, o reconhecimento mútuo (criança/adolescente *versus* membros da instituição), o movimento de identificação que se instalou – ou não – nas relações ali estabelecidas, a possibilidade ou impossibilidade de aquelas crianças marcarem seu lugar e serem reconhecidas. Sabe-se de instituições, cuja máxima é dar "aos pecadores o inferno ou, pelo menos, um treino"; há também as verdadeiras "antecâmaras do inferno", que abrigam crianças e adolescentes, "detentos de qualquer idade", como lembra Márcio Corso (1994, p. 139-140), em seu texto *A criança na via pública: uma abordagem do discurso sobre os meninos de rua e seus reflexos em quem a eles se dedicam.*

Zuila, há tempos desempregada, ao saber de uma vaga de professor no Abrigo da Consolação, fora até lá, para tentar obter o emprego a qualquer custo, pois estava "completamente dura". Dizia não gostar de meninos "trabalhosos", os que não querem nada com nada, que não aprendem, e muito menos os que "cheiram a FEBEM". Mas, que fazer se só aparecera aquele trabalho?

*Silvia, assistente social, ao se dispor a trabalhar naquela instituição, logo pensara: quem vai me **dar apoio**?*

Theodoro fora contratado como psicólogo. Sempre ficara muito mobilizado com o abandono de crianças e costumava se comover com os meninos que ficam entregues ao "Deus dará": temia que fossem enviados a uma "FEBEM da vida".

No trabalho como diretor da Vida com Amor, dizia doutor Mário que, apesar de haver sempre lutado para ter bons professores e pais sociais capazes, competentes, o Estado e a Prefeitura só lhe enviavam os que sobravam, os problemáticos. Indagando-se, com uma ponta de dúvida, sobre como chegar a concretizar o objetivo de educar crianças e reintegrá-las na sociedade, de pronto respondia: "Vamos dar conta de tudo, com certeza!!"

No conjunto, essas falas e situações ilustram parte da realidade institucional e as representações dos profissionais quanto à atividade que exercem, a seus lugares como sujeitos, como trabalhadores, ou suas diversas concepções no que tange à instituição, à escola, à educação. Analisar essas instituições é tarefa complexa, principalmente se levarmos em conta sua função educativa e a pretensa atribuição de cuidar de crianças e adolescentes sob sua guarda e protegê-los. Além disso, há que se considerar seu caráter supostamente estruturante, já que a elas compete propiciar aos educandos as necessárias condições para que possam ter uma vivência singular, diferentemente do que ocorre ou ocorrera no seio da família – metas praticamente inatingíveis, diga-se de passagem. Trata-se de instituições, a que também se delegam um sentido e uma função social e cultural, cuja identidade não é isolada, impregnadas que estão de um somatório de posições, de interrelações.

Algumas das características com que se revestem essas instituições – abnegação, autoritarismo, por exemplo – se refletem nas diferentes concepções sobre as quais se costuma ter, pois, como sugere Butelman (1998, p. 112), a instituição "é algo mais do que o discurso que anuncia". Instituições públicas, privadas, laicas, religiosas, beneficentes, cada uma com sua ideologia implícita ou explícita e suas estratégias profissionais de ação, determinantes da vida institucional.

Como diz Margarida, assistente social, "a grande maioria das pessoas do Vida com Amor fica preocupada com essas crianças e adolescentes. Temos medo de não dar conta da grande tarefa que pesa sobre nossos ombros. O medo não nos faz recuar e os meninos nos motivam com seu saber. Só que somos muito poucos para dar conta dessa tarefa, que é imensa. Lá fora, poucos querem saber deles; aqui perto do abrigo, por exemplo, há muita gente que torce a cara para não vê-los".

"As instituições", segundo Garay (1998, p. 123), "são formações sociais em dois sentidos: estão formadas a partir de uma sociedade ao mesmo tempo em que expressam essa sociedade". Nelas se entrelaçam séculos de histórias – da sociedade e das instituições –, e os sujeitos que as integram igualmente nelas intervêm e as constituem. Percebe-se que, assim como se propõem a ensinar, aprendem, e o desejo de realizar o trabalho anda de mãos dadas com o temor de, solitariamente, ter que dar conta da tarefa hercúlea que se lhes foi delegada. Isso implica também a necessidade de vencer o medo perante as ameaças e incertezas, medo da própria incapacidade de corresponder à profusão de expectativas de que são depositários. E o que dizer das crianças, que "querem se assegurar de que não estão sozinhas para em seguida partirem para seus sonhos mais audazes"? (ARAGÃO, 1994, p. 116).

Ajudando-nos a refletir sobre essa questão, Aragão afirma que

> perdemos a capacidade de sermos pais dos filhos dos outros e com isso criamos, de 20 anos para cá, um exército de órfãos, que, por mais irônico que isso possa parecer, é filho de uma 'carnificina simbólica'. (...) Caminhamos hoje para uma orfandade explícita, sem que ninguém produza institucionalmente outro *erzartz* de adoção da paternidade simbólica e de responsabilidade social (Ibid., p. 110).

As inúmeras concepções de família, de sociedade e de comunidade têm sido substancialmente alteradas. Os investimentos narcísicos e libidinais dos sujeitos parecem ora se dirigir apenas aos próprios filhos, como se não mais lhes dissesse respeito o crescimento e educação das crianças da vizinhança ou da comunidade mais próxima. Afinal, na contemporaneidade o tempo urge.

Ao longo dos anos, a prática humana, que fala do histórico, do social, foi sendo absorvida. Tendo em vista seu caráter reprodutivo e transformador, tal prática se organiza e se reorganiza, assim estruturando seu fazer. Nesse processo é que são geradas as instituições, que, com suas tarefas, interações etc., têm um movimento singular de constituição, de que também participa a instância dos sujeitos. Isso implica reconhecer que existe ali algo ou partes de cada um, as quais não nos pertencem. Sujeito e instituição: uma relação que é fonte básica, e constante, de tensão, de mal-estar, de disputa. Admitir que uma parte de alguém, de sua criação e seu produto não pertença senão à instituição e que, paradoxalmente, essa parte expropriada seja a que o sustenta e lhe possibilita constituir-se como sujeito social e como sujeito da educação é uma das maiores dificuldades da vida social e institucional. Tão difícil é aceitá-lo, que [isto] nos permite assegurar que o conflito, interno ao sujeito, entre indivíduos, grupos e instâncias, é constitutivo e permanente dos cenários institucionais (GARAY,1998, p.123).

Do mal-estar mencionado no início deste trabalho padecem as instituições, particularmente aquelas que trabalham com a infância e a escola. Ao recorrer à psicanálise na leitura desse fenômeno, percebemos que o que existe de enigmático nessa questão é da ordem do indivisível, porque fala do sujeito e da civilização, naquilo que têm de estranho e escapa ao domínio de ambos.

Kuppfer (1999, p. 97) afirma que,

> ao abordar a infância, a psicanálise "tromba" com o universo da educação. A educação invade o universo da psicanálise. Quando, porém, a psicanálise se vê na contingência de tratar de crianças, é o educativo, em várias de suas figurações, que invade o seu *setting*: na figura dos pais, da escola que quer saber sobre o tratamento. O educativo invade o *setting* analítico também através de ações que um psicanalista precisa muitas vezes assumir, e que não são, aparentemente, nem um pouco psicanalíticas...

E com o que "tromba" o analista, ao realizar um trabalho de consultoria ou supervisão, quando lhe são apresentados casos institucionais, situações dramáticas e, por vezes, paradoxais, reveladoras de inquietações, medos, incertezas e angústias da própria instituição e seus integrantes? Quero crer que eles se sentem permanentemente acossados por um mal-estar, advindo da invasão de afetos e situações dilacerantes das crianças e adolescentes sob seus cuidados. Tal mal-estar também fala da invasão de lugares, "que é produto de um vínculo essencialmente em tensão, facilmente deslizável para o conflito entre os indivíduos e o social, entre os indivíduos e o institucional" (GARAY, 1998, p. 126). Considerado o mal-estar numa perspectiva mais abrangente, em que se incluam aspectos sociais, políticos e educacionais concernentes a educandos e educadores, a visão desse mal-estar se amplia.

Em um trabalho intitulado *Ética e mal-estares na educação: apontamentos para uma reflexão*, Maria Helena de S. Patto (1999, p. 61) se reporta ao pensamento de Bourdieux,

> quando ele assinala a presença de *mal-estares* na educação, plural decorrente do fato de que as diferentes classes sociais estão submetidas a diferentes interdições, proibições e privações. O mal-estar na educação não é o mesmo nas escolas para ricos e nas escolas para o povo. Pesquisas de longa duração em escolas da rede pública de primeiro e segundo graus têm mostrado a presença freqüente de mal-estar entre educadores e alunos, diferente do sentimento de culpa teorizado por Freud, mas decorrentes de maus tratos, humilhações e frustrações resultantes de preconceito social e racial; de negação do direito ao respeito a crianças e adolescentes pobres; de incúria dos governantes; de desvio do dinheiro público destinado à educação escolar; de más condições de formação e de trabalhos da maioria do corpo docente; de promessas de melhoria de vida pela escolaridade que não se cumprem; de autoritarismo e arbítrio; de desrespeito às diferenças individuais causado pelo desejo obstinado de homogeneização e de submetimento a qualquer preço dos educandos...

A criança e o adolescente menos favorecidos trazem para dentro das instituições, inclusive a escola, ora o conhecido – suas impossibilidades, sua agressividade, os rótulos que lhes são atribuídos etc. –, ora o desconhecido/conhecido – sua situação demarcada pela marginalidade, e os atos que evidenciam sua alienação. Não desejam ser penalizados por mais nada, já que a saída (expulsão) de sua casa e seu abandono se constituem em sua maior pena. Não desejam qualquer punição nem querem dela poder tirar algum proveito. De modo algum se consideram passíveis de crítica. Para eles, na verdade, errada é a vida que jamais os poupou, e, por não se considerarem errados, recusam-se a mudar. O outro – os pais, a sociedade - é que lhe é devedor, e seu abandono, como sugere Mariano (1994, p. 156), "talvez seja o começo do extermínio. E começa dentro da própria família, pelo pai desempregado, um abandonado com responsabilidade sobre os filhos".

Postas as reflexões nesses termos, ou seja, pensando sobre questões que dizem respeito à infância e à adolescência desfavorecidas, à instituição, à educação e à psicanálise, continuo me indagando sobre o lugar do analista que se propõe a realizar, na perspectiva de uma psicanálise extramuros, uma escuta envolvendo o processo educativo, cuja natureza é diametralmente oposta àquela do processo analítico.

Após ter sido fundada por Freud, a psicanálise passou a se constituir, na contemporaneidade, como "ciência do homem", adquirindo legitimidade. Com sabedoria, ele soube interrogar o campo social, e novas tentativas de aproximação com esse campo foram sendo feitas pelos que o sucederam, numa demonstração de que o interesse manifesto de psicanalistas pela cultura e seu mal-estar tem se ampliado.

O tratamento que, neste texto, tenho dado aos fenômenos e aos fatos sociais tem a psicanálise como operador de uma leitura que pretende problematizar e tentar desvelar aquilo que entra na teia do campo social – por exemplo, a transmissão cultural, que fala de uma harmonia impossível, quando se trata da questão da educação das pulsões. Por outro lado, nessa tentativa de aproximação entre psicanálise, educação e instituição, pretendemos escutar as dores de uma criança frente ao horror do desamparo e nos interrogar sobre esse modo quase impossível de viver, cuja constatação paralisa os educadores, imbuídos que estão da idéia de que nada podem fazer. Garimpo, ainda, algumas falas de membros de instituições, que acredito serem importantes neste contexto:

> Não sabemos direito nossos lugares, não nos é possível saber quem ocupa o lugar de quem. Temos necessidade de definir nossos espaços. Dá medo pensar nessa confusão. Qual é mesmo a tarefa de cada um?

> É preciso trazer pessoas que orientem nosso trabalho, para que possamos conhecer melhor nossos alunos.

> Para trabalhar com aqueles "danadinhos", necessitamos de formação especial. Com a que temos, não há como dar conta dessa tarefa.

Fico pensando sobre o que acontece com crianças e adolescentes, assim como com as instituições que os amparam e sobre a forma como respondem a tal demanda. Penso, também, no sobrosso que acomete muitos dos integrantes dessas instituições quando o espaço institucional, a equipe é invadida por muitas faltas, pela sensação de ter de realizar ações urgentes para conseguir resgatar as crianças de seu mundo interno hediondo e terrível. Sem o necessário distanciamento, parece inevitável que os educadores sejam invadidos por aquilo com que deparam, já que os educandos deles cobram o direito de poder entender a magnitude de tudo o que lhes acontecera; em outras palavras, "a criança", como diz Kupfer (1999, p. 101) com extrema propriedade, "reclama o direito de compreender o que lhe acontece de absurdo".

Ampliar a visão de instituição, de escola, como espaço de interlocução; discernir o lugar que as crianças ocupam na instituição, na família, na sociedade, na vida; decifrar as questões por elas suscitadas nos diversos espaços institucionais – tudo isso deve nortear as instituições na busca de (re)encaminhamentos. Em suma, elas devem abrir suas fronteiras, instalando um lugar em que possam se interrogar. Pergunto-me se essas equipes – sem espaço de escuta, sem o suporte de um terceiro – têm condições de franquear a entrada de novos ventos que possam vir a arejar os lugares, desde sempre tão discriminados e cristalizados, característicos desse tipo de instituição e de crianças e adolescentes menos favorecidos.

Acredito, como Mário Corso (1996, p. 142), que "é melhor desconfiar daquilo que acreditamos ser o melhor para essas crianças" e – diria também – para as equipes institucionais, pois "o que mais as protege na aparência (...) pode ser o começo de um beco sem saída".

Questionar, suspeitar das aparências e daquilo que se apresenta como certo e definitivo me parece um bom começo. Melhor seria experimentar incertezas, questionar os que sempre têm respostas prontas e dizer tudo aquilo que os outros só ousam pensar, para não cair nas armadilhas do que está aparentemente pronto, sacramentado.

Referências bibliográficas

ARAGÃO, L. Tarley. Quem tem Medo do Bicho Papão? In: CALLIGARIS, C. *Educa-se uma criança?* Porto Alegre: Artes e ofícios, 1994. p. 107-120.

BUTELMAN, I. Espaços Institucionais e Marginalização: a psicopedagogia institucional, sua ação e seus limites. In: BUTELMAN, I. *Pensando as Instituições: teorias e práticas em educação.* Porto Alegre: ArtMed, 1998. p.11-33.

CARRETEIO, T. C. (Org.). *Cenários Sociais e Abordagem Clínica.* São Paulo: Escuta, 2001.

CORSO, M. A Criança na Via Pública: uma abordagem do discurso sobre os meninos de rua e seus reflexos em que eles se dedica. In: CALLIGARIS, C. *Educa-se uma criança?* Porto Alegre: Artes e Ofícios, 1994. p. 133-142.

GARAY, L. A Questão Institucional da Educação e as Escolas: conceitos e reflexões. In: BUTELMAN, I. *Pensando as Instituições: teorias e práticas em educação*. Porto Alegre: Art Med, 1998. p. 109-136.

KUPFER, M.C. A Psicanálise na Clínica da Infância: o Enfrentamento do Educativo. In: KUPFER,M.C. e LAJONQUIÈRE, L. A Psicanálise e os impasses da educação. *Anais do I Colóquio do Lugar de Vida/LEPSI*. São Paulo: Annablume, 1999. p. 98-102.

MARIANO, N. C. Prostituição e Meninos: extermínio e sacrifício. In: CALLIGARIS, C. *Educa-se uma criança?* Porto Alegre: Artes e Ofícios. 1994, p. 151-156.

MILLOT, C. *Freud anti-pedagogo*. Rio de Janeiro: Zahar, 1987.

PATTO, Mª H. Ética e Mal-estar na Educação: apontamentos para uma reflexão. In: KUPFER,M.C. LAJONQUIÈRE,L. A Psicanálise e os Impasses da Educação. *Anais do I Colóquio do Lugar de Vida/LEPSI*. São Paulo: Annablume, 1999. p. 54-62.

A ESCOLA E A CRIANÇA DESENQUADRADA[19]

Vera Esther Ireland[20]

As reflexões que apresento originaram-se em um contexto de minha relação direta com professores, diretores e equipes técnicas escolares, possibilitada pela inserção profissional que mantenho com essa área ao longo de muitos anos. A divulgação de tais reflexões visam à continuidade dessa interlocução com os educadores, a quem me dirijo neste texto, especialmente os que trabalham com o primeiro segmento do ensino fundamental e com a pré-escola.

A interlocução de que falo tem me possibilitado registrar que, no curso de diferentes assuntos discutidos, com uma certa freqüência

---

[19] Versão revista de trabalho originalmente apresentado nas Reuniões Preparatórias (agosto a outubro de 2001) à II Jornada de Psicanálise e Educação organizada pelo NEPPE – Núcleo de Psicanálise e Educação, do EPSI – Espaço Psicanalítico, João Pessoa, PB. Foi apresentado um extrato deste trabalho na Jornada, realizada em João Pessoa, Auditório da PB-TUR, nos em 31 de outubro e 1º de novembro de 2001.
[20] Doutora em Educação pela Universidade de Manchester – Inglaterra.

acaba aparecendo alguma informação sobre alunos que suscitam perplexidade por parte da escola, associada a um sentimento obscuro de não se saber ao certo como reagir. Por exemplo: um diretor me dizia que andava preocupado com uma aluna, nove anos de idade, que "já tinha dormido com todos os meninos da escola". Outra diretora me contava, entre inquieta e divertida, que um menino de cinco anos, em seu primeiro dia de aula na pré-escola,

> quase quebrava a escola toda, a única solução foi mandar buscar a mãe para levá-lo de volta para casa e, enquanto a esperavam, o jeito foi trancá-lo sozinho na sala de direção – ficando ela mesma, a diretora, guardando a porta da sala pelo lado de fora, pois teve medo de ficar dentro com o menino.

Uma vice-diretora me contava sobre um outro, onze anos,

> que rouba na escola, todos sabem, todos escondem seus pertences, já não sabem mais o que fazer com esse menino, mas de certa forma todos gostam dele, ela mesma tem tentado de tudo pra que ele tome jeito.

Uma professora me dizia que

> conhecia quando algum aluno seu estava drogado, ele não ia conseguir acompanhar a aula e aí, discretamente, ela o encorajava a ir lá fora tomar água, lavar o rosto, descansar um pouco e retornar daí a uns minutos à sala de aula". Outra me contava sobre "a menina de nove anos que já tinha passado por várias professoras da escola e nenhuma a queria mais na sala de aula por vários motivos – por exemplo: ela ficava mostrando o sexo na sala de aula, não deixava que ninguém se aproximasse dela, sua carteira era isolada das outras a pontapés que ela dava nas carteiras escolares adjacentes.

E assim, sucessivamente, fui registrando muitas histórias desse teor.

Um fato que me chama a atenção é o de que muitos desses relatos tendem a ser transmitidos de maneira informal, *en passant*, quase que como uma curiosidade, um caso pitoresco, algo que se insere em uma conversação social. Ao mesmo tempo, é possível captar, nesses relatos sucintos, certa ansiedade, um mal-estar, uma impotência da escola frente à criança – que, por sua vez, aparece como alguém que mobiliza, que merece algum tipo de atenção diferenciada, mas não se sabe qual. É nesse sentido que creio ser possível perceber outro fato: para quem relata, a criança é um X, uma incógnita. É como se faltassem conceitos amplos o suficiente para ordenar a complexidade do que se esconde sob o termo "aluno" – um termo que, via de regra, nós, educadores, não temos o hábito de questionar preliminarmente: quem procura a escola em certas condições de matrícula é aceito sob essa rubrica, esse enquadramento. É um aluno.

Sabemos que, por um lado, todos são relativamente iguais naquilo que se espera deles e naquilo que lhe podemos oferecer. Mas aqui e ali somos surpreendidos: há os que nos levam a relatar estranhamentos. Vejamos:

Escola pública X, onde aguardo o início de uma reunião sobre um projeto cujos desdobramentos acompanho. Há, entre os alunos dessa escola, aqueles que apresentam, segundo Maria, a psicóloga, problemas de comportamento. Geralmente são muito pobres, mas em relação àqueles que ela descobre virem de famílias muito desestruturadas, Maria parece se inquietar, tenta sempre algum tipo de ajuda.

Há alguns anos tenho ouvido de Maria relatos sobre alunos que me comoveram, tanto pelo caso em si, quanto pela forma com que Maria os notava e os relatava, sem que nossos contatos buscassem explicitamente esse tipo de assunto. Dessa vez, enquanto aguardávamos a chegada de outras pessoas para a reunião, pergunto-lhe sobre um desses "alunos-problema", dizendo-lhe que da última vez que nos reunimos, cerca de dois meses antes, não pude deixar de ouvir a conversa que ela mantinha com uma terceira pessoa sobre o que fazer com um aluno – vamos chamá-lo aqui de Antônio – que a preocupava de maneira especial. Volto depois à escola e entrevisto Maria.

Maria diz que já tentou várias coisas em relação a Antônio, doze anos. Houve uma época em que Maria tinha conseguido que Antônio passasse a residir em um abrigo, de onde ele freqüentaria outra escola pública, mais perto de lá. Maria relata que nessa outra escola também não deu certo, como em várias outras por onde esse menino já tinha passado.

Enquanto viveu nesse abrigo, Antônio foi um terror: suas brincadeiras só visavam, e conseguiam, a destruição de tudo o que estivesse por perto. A diretora do abrigo sentia-se desolada, dizia que não poderia manter Antônio, pois ele era uma constante ameaça a tudo e a todos. Essa diretora inclusive lamentava a perda de uma colheita de mamões que tinham sido plantados no terreno: Antônio se divertira nessa destruição, retirando todos os frutos quando ainda bem pequenos.

Maria continua relatando que Antônio discretamente ameaçava a diretora do abrigo: quando ela passava por perto ele dizia baixinho, mas de forma que ela ouvisse, que um dia ele ainda ia pegá-la. Na verdade, Antônio parecia ter de fato conseguido amedrontar a diretora do abrigo. Depois de pouco tempo, ele fugiu de lá, para alívio de todos.

Atualmente, Antônio estava de retorno à escola onde Maria trabalha. Ele não havia falado com nenhum adulto: simplesmente tinha chegado, entrado na sala de aula, e ali permanecido como aluno. A professora, assim que o percebeu em classe, foi ao Serviço de Orientação Educacional da Escola e avisou de sua presença, perguntando como proceder. Foi orientada para que o deixasse lá, Maria ia ver depois como resolver. Note-se que essa sala de aula, para a qual Antônio por decisão própria se dirigiu, congregava alunos que estavam em defasagem idade/série, geralmente multi-repetentes, com quem a escola tentava fazer um trabalho diferenciado em relação a outras crianças, matriculadas em turmas ditas regulares. Maria então chamou (mais uma vez) a mãe de Antônio, mas a conversa com ela não tinha resultado em muito proveito.

Nessa altura do relato, Maria insere um outro caso, com o qual tinha lidado uns anos antes e que para ela é similar ao do Antônio:

a mãe de um outro menino havia sido chamada à escola e essa mãe disse que a escola é que resolvesse o problema do menino.
– Eu – dizia essa outra mãe – peço a Deus que ele morra, que alguém o mate, eu sei que nós dois não podemos viver: ou eu mato esse menino, ou ele me mata.
– Sabe quantos anos ele tinha? – pergunta Maria, e ela mesmo responde em tom exclamativo e perplexo: – Seis! O menino tinha seis anos, meu Deus!.
Voltando a Antônio, pergunto como ele vai indo na escola agora:
– Ah, aprontando! Um dia desses – continua Maria – houve um tumulto no pátio, onde Antônio estava tentando passar a mão nas crianças, uma menina em quem ele já havia conseguido estava desesperada, engulhando, quase se acabando de tanto engulhar. Antônio, por diversão, tinha ... (Maria parece constrangida, procura palavras e não encontra, aponta para a sua parte de trás, levando-nos a entender que o que Antônio tinha feito tinha a ver com sua parte traseira) e ele enfiava a mão dentro da calça, por trás, e passava a mão suja nas outras crianças.
Maria pôs um fim imediato à brincadeira e levou Antônio para uma torneira, fez com que ele lavasse as mãos. Eu pergunto a Maria se ela acha que seria o caso de Antônio estar precisando de terapia. Ela me diz que acha que sim, mas também me diz que ela mesma, como psicóloga, nunca quis trabalhar com clínica, ela gosta de trabalhar com o social.[21]

Essa última fala da psicóloga escolar me faz retornar a minhas próprias inquietações. Como professora, compartilho com muitos educadores a preocupação de que a escola venha, cada vez mais, sendo incumbida de desempenhar tantas funções, que a transmissão do que chamamos os "conhecimentos escolares", considerada sua principal função, esteja cada vez mais diluída nesse leque de atribuições sociais.

---
[21] A fonte do material aqui relatado é o diário de campo da pesquisa que realizo, que inclui entrevista com a psicóloga da escola. Os nomes são fictícios de modo a preservar a privacidade da escola, da entrevistada e do aluno.

Mas como enamorada pela psicanálise, os conceitos com os quais também procuro pensar a escola – por exemplo, os que se referem à constituição do sujeito humano, desde a mônada freudiana, passando pelo par bebê-mãe winnicottiano, até o que Lacan nos diz sobre a inscrição em uma ordem simbólica – levam-me a olhar/ouvir a instituição escolar como espaço por onde circulam angústias, desejos e falta, expressão e apaziguamento pulsionais, processos identificatórios, forças inconscientes e conflitos de toda ordem e, assim creio, também como ambiente onde podem ocorrer avanços no processo de (auto)constituição do sujeito e da constituição de um lugar no mundo onde esse sujeito possa se reconhecer.

Entendo, assim, que, no seio da escola, uma vertente que pode estar em causa é a busca, aliada à esperança de ser compreendido, que o sujeito (no caso, a criança ou o adolescente) possa estar empreendendo, fazendo da instituição escolar um espaço que, até certo ponto, pode funcionar como continente para os seus conflitos. O fato, por exemplo, de Antônio voltar para a escola X nos termos em que voltou, sugere-me essa busca, particularmente facilitada pela sensibilidade com que Maria parece tomar a si o cuidado devido a essas crianças.

A percepção de certas crianças como particularmente incógnitas me faz lembrar de Maud Mannoni, que, ao reproduzir algumas notas tomadas ao término da primeira consulta, se pergunta:

> Quem são, pois, essas crianças cujos pais vêm consultar-me sobre problemas que vão desde dificuldades escolares comuns até manifestações psicóticas caracterizadas? Crianças difíceis, crianças alienadas, crianças em perigo moral, crianças rebeldes a qualquer tratamento médico, quem são vocês, quem são seus pais? (MANNONI, 1981, p. 31).

Uma hipótese que me ocorre é a de que muitas dessas crianças estão às voltas com a reconstituição de um seio materno que não chegou a se estabelecer para elas – ou, se chegou, foi rompido prematuramente.

Pois, de modo geral, é comum se encontrar com o fato de que essas crianças já pareçam depender só de suas mães para existir, pois, quando a escola busca um responsável pela criança, são as mães que são encontradas, às vezes a avó, uma tia – raramente mãe e pai. Mas, como mostra o caso relatado, essa mãe que comparece a chamado da escola pode se mostrar não ser de muita valia para o filho.

A hipótese que lanço não descarta, obviamente, a questão da função paterna. Mas creio, a partir de Winnicott, que há um período anterior à fase triádica (Édipo), isto é, um período mais precoce na vida do sujeito em que existe uma relação diádica – mãe/bebê – que, juntos, formam uma unidade. Que, como parte do desenvolvimento normal, essa unidade deverá ser separada, dissociada, não há quem argumente contra. Mas para a entrada do pai (simbólico) ocorrer, precisa-se antes que a mãe (real ou substituta) exista e que, também através dessa mãe, se dê entrada ao pai.

Na concepção winnicottiana, essa fase diádica não é uma fase que se caracterizaria negativamente, como a ausência do pai; ao contrário, ela é uma fase positiva, com estatuto próprio, fundamental para o desenvolvimento da criança. Nessa fase, o bebê é psiquicamente dependente ao máximo, progredindo gradativamente dessa dependência absoluta para a dependência relativa e, depois, para o rumo da independência. Em cada estágio pode haver falhas, e mesmo que não as houvesse, esse processo de desenvolvimento não é linear: o sujeito pode retornar a fases anteriores na tentativa de reconstruir a sua trajetória, podendo chegar à tentativa de reconstituir o seio materno que estava – ou deveria ter estado – lá no início de sua existência. Em outras palavras: o sujeito regride em direção à dependência como busca de sua cura (WINNICOTT, 1959, *apud* WINNICOTT, 1983, p. 117).

Na vida real, as vicissitudes pelas quais passa uma criança quando lhe faltam pais (ou seus substitutos) desembocam muitas vezes na entrada em cena dos conselhos tutelares. É também por esse ângulo de uma provável tentativa de se reconstituir um seio materno que vejo a atuação desses conselhos, dirigindo-me agora aos dados obtidos com os que são mantidos pela Prefeitura Municipal de João Pessoa.

Os conselhos tutelares são organizações que acolhem a demanda da população pela provisão dos direitos básicos de crianças e adolescentes considerados em situação de risco. Essa demanda é concretizada principalmente sob a forma de denúncia, destacando-se os casos de violência contra a criança: negligência, maus-tratos, abandono, espancamentos. A primeira providência do Conselho, imediata à denúncia, é a de dirigir-se ao local onde se encontra a criança para, primeiramente, estabelecer contato com a família. Há, também, casos de recolhimento da criança, para em seguida iniciar os procedimentos com sua família. Há, no conselho, um registro diário de passagens de crianças/adolescentes por sua esfera de ação – sendo esta chamada de "procedimento". No período de janeiro a meados de julho de 2001, houve, no Conselho Tutelar Norte, um total de 679 procedimentos, envolvendo cerca de 180 crianças e adolescentes, poucos desses oriundos da classe média e a maioria oriunda da classe popular. No Conselho Tutelar Sul, responsável por uma parte maior da cidade, foram realizados, nesse mesmo período, 1.025 procedimentos[22].

De um modo geral, pode-se afirmar que essas crianças e adolescentes que passam pelos Conselhos passam também pelo mundo escolar, principalmente o da escola pública. Quando ainda pequenos, estudam de dia, mesmo confrontados com a questão da evasão, da repetência e do atraso escolar. É interessante notar que, para os bem pequenos, as instituições de educação infantil – creches públicas – são buscadas, pelos conselhos tutelares de João Pessoa, como forma de alívio ao sofrimento que uma criança possa estar passando junto à família quanto ao seu lugar no mundo. Note-se, também, que são muitas as denúncias recebidas relativas a esses bem pequenos. No dizer de um membro do conselho,

---

[22] À época da coleta desses dados (2001), existiam em João Pessoa apenas dois Conselhos Tutelares, um para a zona norte e outro para a sul.

a faixa etária que mais tem passagem por aqui é a de dois a seis anos, as mães dessas crianças denunciadas são, em geral, também muito jovens, solteiras, as crianças carecem de paternidade mesmo.

Um caso lembrado na hora pela conselheira entrevistada foi o da denúncia de uma situação em que duas crianças, uma de três anos e outra de dois, eram deixadas sozinhas em casa, com uma abertura na madeira da porta por onde esses pequenos saíam e entravam, enquanto a mãe poderia ser encontrada em algum bar. Confirmada a denúncia, descobriu-se que todos – crianças e mãe – necessitavam abrigar-se sob proteção do Estatuto da Criança e do Adolescente: a mãe, responsável por aqueles pequenos, tinha dezessete anos de idade – isto é, desde os quartoze anos já era mãe, em condições extremamente adversas.

A maioria dos adolescentes que passa pelo conselho tutelar também tem alguma relação com o mundo escolar: geralmente estudam no turno da noite, com os mesmos desencontros de entrada e saída das escolas. Com o intuito de descortinar, como em uma fresta, aspectos do que pode ser uma passagem de um desses mais crescidos pelo conselho tutelar, relato aqui o seguinte caso, cujos dados eu mesma colhi, tendo inclusive presenciado algumas das cenas descritas:

João, aos 13 anos. São 19h30 e João, no momento, está dormindo no Conselho. Algumas horas antes tinha sido trazido por um cidadão, que informou tê-lo encontrado vagando pela cidade, sujo, aparentando estar também com fome, com dificuldade de fala, talvez fosse doente mental. Como outras crianças similares ao caso de João, a primeira coisa que o Conselho faz é providenciar-lhe um banho, depois comida, depois descanso e conversação, quando então se abre, de maneira formal, o que é chamado de "procedimento", com a busca da identificação da criança.

João já foi entregue no Conselho quatro vezes: na primeira, tinha 10 anos. Neste ano, em janeiro, e depois em fevereiro, aconteceram a segunda e a terceira vezes, em ambas trazido da rua pela polícia, que o encontrou vagando sem rumo. João sempre foge de casa e perambula. Entende-se que João não pede esmola, não furta, não usa drogas, e que geralmente se oferece para ajudar em locais como lanchonetes, onde poderia ganhar comida.

Assim, enquanto João dormia – há, no Conselho, um quarto com cama, bastante decente – a conselheira de plantão revia os documentos que o Conselho já possuía em relação a esse menino – o Conselho mantém registro formal de todos os procedimentos adotados em relação a cada criança/adolescente que passa por lá. Munida de seu endereço e de sua história – que incluía a informação de que a mãe de João já havia sido internada no Complexo Psiquiátrico Juliano Moreira, a conselheira preparava-se para contatar a família de João, buscando reintegrá-lo novamente. Logo depois chega a Kombi da Prefeitura para levá-lo, dentro da qual vem também um Conselheiro de plantão no outro conselho tutelar, que ajudará a colega nessa ação. Peço para ir junto, há hesitação por parte da conselheira, mas acabo obtendo essa permissão, sob minha promessa de ficar absolutamente calada.

A conselheira abre a porta do quarto, acorda João e diz-lhe que vai levá-lo para casa. João se levanta em silêncio, mantêm-se silencioso, dá a impressão de que para ele tanto faz uma coisa ou outra, apenas faz como lhe dizem, não demonstra nenhuma reação, nenhum sentimento. Seu olhar parece não olhar nada, mas, ao mesmo tempo, João está ali, com presença, aparenta até mesmo estar à vontade. Impassível, quase heróico, diria eu.

Durante o trajeto, João continua em silêncio, não olha pela janela da Kombi, não olha para ninguém, apenas continua ali, seu ali agora é o interior de um veículo. É uma noite chuvosa, a Kombi passa por ruas ora iluminadas, ora escuras, aqui se trafega em asfalto, ali se embrenha por ruas esburacadas, de tempos em tempos se pára para perguntar sobre como localizar a rua que se procura, ou então se pergunta como localizar o ponto de referência que possuem, o qual poderá ajudar na busca do endereço. A conselheira continuamente pede ajuda a João, mas ele continua em silêncio, parecendo absorto em seu mundo interno. Depois de um tempo, João começa monossilabicamente a indicar o caminho – mas, pelo que já se tinha obtido de informação de transeuntes, parece-nos estar próximos à sua casa. João diz para virar ali e aponta com a mão onde mora. Como o motorista continua procurando, já tendo passado pela casa apontada, João se expressa melhor, diz qual é a casa, engajando-se em uma comunicação gestual e verbal que me parece bastante normal.

A casa – toda fechada, mas com luz interna – parece-me relativamente razoável, é pobre, mas não se trata de miséria. Todos descemos da Kombi e daí em diante tudo se passa um tanto quanto rapidamente, com cenas superpostas – João conosco ao portão, a conselheira batendo palmas para atrair a atenção dos moradores, um rapaz vindo pelo corredor lateral da casa, a apresentação "somos do conselho tutelar" e uma espécie de diálogo que se inicia:

– Não, a mãe dele não está aqui, ela está logo ali.
– Por favor, vá chamá-la.

O chuvisco aumenta sobre nossas cabeças ao portão, a voz e o jeito desse rapaz com quem se falou coloca-nos uma dúvida: estaria ele embriagado? Mais alguém, agora uma mulher, está vindo pelo corredor, João entra por ali e passa por ela que, ao mesmo tempo em que nos responde: "Não, eu não sou a mãe dele, sou tia", vira-se para trás e fala com João em tom de quem está ralhando: "Por onde você se enfiou, menino?"

A chuva aumenta e corremos do portão para a varanda da casa, a conselheira e a tia insistem com o rapaz para que vá buscar a mãe de João. A porta da sala se abre por dentro, um senhor aparece e uma criança pequena põe a cabeça pra fora, protegida pela porta, por trás do senhor. Moram ali e parece-nos que talvez haja outra habitação nos fundos, onde talvez more João.

Os três – a senhora, o senhor e a criança – começam a relatar, voluntariamente, fragmentos da vida de João: dizem que esse menino sempre desaparece, ninguém sabe por onde anda nem quando volta, uma vez passou sumido por dois meses. "E o irmão de João é pior

ainda, se mete com drogas", continua o relato monologado. O discurso se interrompe quando se vê, daí a poucos minutos, uma senhora que vem chegando da rua em direção ao portão; ela já vem falando sobre João, em tom alto, defensivo:
– *Ah, esse menino só dá trabalho...*
João volta pelo mesmo corredor por onde havia entrado e vai, ainda impassível, ao encontro dessa mãe, mete-se sob a sombrinha aberta que a protege da chuva, passa os dois braços pela cintura da mulher, como que procurando desajeitadamente abraçá-la. A cabeça do menino está voltada para o chão, ele resmunga algo que é ignorado por essa mãe que parece não o ver, a atenção concentrada nos visitantes, a quem não pára de dirigir sua fala um tanto quanto desarticulada.

É-me impossível mentalmente registrar, nesse momento, o que a mãe diz, a cena do menino segurando-a desajeitadamente fala mais alto para mim. A mãe, enquanto continua a falar, fica tentando se desvencilhar dos braços de João. Seu jeito é um tanto quanto ríspido, não o olha uma vez sequer, continua atenta em sua fala dirigida para uma das pessoas: a conselheira. João solta-a, entra novamente pelo corredor em direção ao fundo da casa e desaparece.

Tanto a mãe, quanto João, evocam-me a necessidade de que lhes seja dispensada uma atenção especial. Os conselheiros são discretos, não formulam soluções, não parecem ansiosos. Explicam a necessidade de que a mãe e João compareçam ao conselho tutelar no dia seguinte. Um dos conselheiros recomenda à mãe alguns cuidados com o menino, especificamente lhe fala sobre a tentativa de abraço que João havia lhe endereçado.

Daí a poucos minutos a Kombi nos traz de volta à sede do conselho. No caminho, todos estamos silenciosos e pensativos. A certa altura, o conselheiro diz alto, mas como que para si mesmo:
– *Precisamos ver se seria o caso de encaminhar para a FUNAD*[23].

---

[23] FUNAD é um órgão (Centro Integrado de Apoio ao Portador de Deficiência) estatal da Paraíba que cuida de portadores de deficiência.

Ninguém comenta, todos parecem absortos em seus pensamentos, quem sabe em sua dor.

Ao adentrarmos o conselho, a conselheira diz que necessita discutir o caso de João com os outros conselheiros na próxima reunião geral. Ela deixa claro sentir necessidade de que o conselho tente algo diferente do que até agora já foi feito em relação a João.

Voltemos à nossa busca de entendimento das formas de atuação do conselho tutelar. O conselho não aloja crianças. Sua ação é estritamente a de "passagem", podendo-se pensar essa passagem como constituindo um espaço a partir do qual se organizam formas de lidar com a criança/adolescente e com o risco que correm.

Como "passagem-espaço", a primeira tentativa do conselho é a de localizar a família e, por mais difíceis que sejam as condições, a proposta do conselho é a de devolver-lhe a criança e segurá-la em seu seio[24].

Inicia-se aí, então, um acompanhamento da relação criança/família, marcando-se, através da expedição de notificações ao responsável pela criança, repetidas voltas da criança e de seu responsável ao Conselho. Uma leitura que poderíamos fazer desse expediente é a da busca de constituição de um seio agora provisoriamente compartilhado: "mãe ou responsável com o conselho".

Há casos de adolescentes que já passaram pelo conselho e, de tempos em tempos, voltam sozinhos, por decisão própria, quando se percebe que vêm à busca de proteção, fugindo de situações em que se sentem ameaçados. No meu entender, esses adolescentes são como

---

[24] Nos casos em que a localização da família é impossível no curto prazo, a criança é encaminhada provisoriamente a um abrigo, enquanto se busca a família imediata. Mas há sempre a possibilidade de não se encontrar uma família nuclear. Ou se encontrar uma família – nuclear ou não – que se mostre ser um grande fator de risco para a criança. O conselho busca, então, outros membros da família no momento não diretamente responsáveis pela criança – avós, tios – e, se acertados com esses uma possibilidade de acolhimento, o conselho busca providenciar, no Juizado da Infância e da Adolescência, a oficialização de uma guarda provisória. O abrigo permanente é a última escolha. Segundo dados do Conselho Municipal dos Direitos da Criança e do Adolescente de João Pessoa, havia, em julho de 2001, cerca de dez abrigos no município, os quais distribuíam, entre si, os cuidados por um contingente de aproximadamente 300 crianças/adolescentes, que lá residiam de forma permanente.

Antônio, o primeiro caso que relatamos, que, por conta própria, voltou à escola. Voltam, hipotetizo, porque percebem ali um possível lugar de maternagem, na esperança de que seja suficientemente boa para acomodar seus embates com o império da lei, hoje caóticos, talvez amanhã sob formas menos ou mais aceitáveis, a depender de uma série de condições.

Essa busca do seio materno nunca será satisfeita sob a forma de encontro – em outras palavras, esse objeto perdido nunca será reencontrado. Mas isso não impede o movimento da busca, que poderá achar certa guarida apaziguadora nas muitas Marias, psicólogas escolares preocupadas com os Antônios, dispersas pelas redes escolares. O encontro de um "seio dadivoso" seria uma ilusão, mas é a aceitação positiva, o acolhimento dessa ilusão que permitiria uma base sobre a qual a escola começaria a construir uma relação construtiva com a criança perturbada. Pois essa ilusão, como diria Winnicott, é um indício de que a criança ainda não perdeu todas as esperanças, de que, quem sabe, possa haver uma luz no fim do túnel. A criança indica, assim, um mapa por onde se trilhar, terreno esse que a escola precisará percorrer com o cuidado com que se pisa em campo minado. Aqui e ali haverá explosões, mas esperamos todos que sobrevivamos. Nossa própria sobrevivência é fundamental para que a criança sobreviva.

O acolhimento dessa ilusão, no sentido corrente do termo, também seria a base sobre a qual a escola poderia construir um "campo de ilusão", agora já no sentido winnicotiano mesmo: esse campo seria "uma área intermediária de experimentação, para a qual contribuem tanto a realidade interna quanto a vida externa" (WINNICOTT, 1975, p. 15). Essa área é reivindicada por Winnicott como um fenômeno transicional, em que os objetos transicionais representam o seio, ou o objeto da primeira relação (ibid, p. 23). Paradoxalmente, também representam o mundo, havendo aí um reconhecimento do eu e do não-eu, com todas as conseqüências que essa passagem acarreta.

Winnicott nos ensina ainda que "essa área intermediária (...) constitui a parte maior da experiência do bebê e, através da vida, é conservada na experimentação intensa que diz respeito às artes, à religião, ao viver imaginativo e ao trabalho científico criador." (ibid, p. 30). É a necessidade de (re)criação de um ambiente que propicie a retomada dessa experimentação que, talvez, seja um dos maiores desafios para os quais a escola estará (ou não) atenta. Com o intuito de dar algum contorno a essa possível atenção a ser dada pela escola, proponho denominar "desenquadrada" a criança que não se encaixa nos padrões relativamente costumeiros com que a escola trabalha. Na definição do *Novo dicionário da língua Portuguesa de Aurélio Buarque de Holanda*, (Rio de Janeiro: Nova Fronteira, 1986), *desenquadrar* é tirar de quadro ou de moldura. Em outras palavras, *desenquadrar* é perder a noção mais concreta dos limites com que a situação, ou o fato, se nos apresenta. Assim, um quadro não-emoldurado é um quadro em que, se aposto a uma parede, há uma falta. A moldura, nesse caso, não faz parte do próprio quadro, mas remete a certo sentido de acabamento; assim, a moldura passa a ser, ao mesmo tempo, parte do quadro, sua falta impede a sensação de completude, de apresentabilidade. *Desenquadrar*, por outro lado, remete a um retorno a situação anterior – a do enquadramento. E aqui compreendo que a escola, de modo geral, enquadra as crianças em categorias de entendimento pré-estabelecidas, oriundas de um padrão relativamente normatizado: como já mencionado, quem procura a escola em certas condições de matrícula é aceito sob a rubrica de aluno, é enquadrado. Por outro lado, entendo que há rupturas bastante extremas desse padrão, quando se percebe o fenômeno do que denomino "criança desenquadrada" – pois se a escola está à frente com um aluno (enquadrado), aparece agora uma criança (o quadro, que é o mais importante) sem o acabamento, a moldura, de se colocar no lugar do aluno que se espera dele. Surge, então, aí, o estranhamento por parte da escola, revelado, como mencionado anteriormente, pelo relato transmitido de maneira informal, *en passant*, quase como curiosidade, um caso pitoresco, algo que se insere em uma conversação social.

    A noção de uma "desenquadrabilidade" da criança pela escola – isto é, retirando dela a condição de aluno "normal", permite ainda um avanço em termos desta reflexão: é relativamente "normal", para a escola, ter alunos ditos problemáticos, "anormais". Para eles, a escola já tem uma resposta, por mais questionável que seja. Por exemplo: é relativamente comum ouvir depoimentos de que muitas escolas terminam por caracterizar como deficiente mental a criança que, em um exame correto, não o é, mas que acabou sendo encaminhada para a classe de educação especial não com o devido respeito que essa área demanda, mas como forma de se livrar do que, na linguagem corrente e igualmente desrespeitosa, é taxado de "doidinho". Ou sabe-se de alunos a quem a escola "dá a transferência", eufemismo de expulsão, caracterizando-os como transgressores insuportáveis. Essas, na verdade, são respostas encontradas com freqüência maior que a desejável, frente ao que costumeiramente se considera incapacidade do aluno, ou desajuste, ou indisciplina. Assim, por mais que a inibição de tais práticas escolares mereça atenção, as reflexões a que me proponho aqui remetem a um outro fenômeno, cuja natureza tem algo de desacomodamento.

Penso particularmente na situação de uma criança em relação à qual não se sabe o que fazer, mas algum membro da equipe escolar detecta e expressa esse estranhamento. Geralmente esse adulto, que se sente também desacomodado frente à criança, tenta fazer algo dentro dos trâmites do cotidiano da escola, embora sem saber por onde ir, indo com dificuldades e geralmente sem nenhum apoio institucional. Então penso nas formas com que se lida, nas escolas, com uma "criança-problema", ou "criança difícil", assim considerada pela escola em que estuda. Aqui, a própria visão da criança como problema já aponta para um esboço de enquadramento: geralmente essa criança é vista como tendo "problemas comportamentais" ou de "conduta". Winnicott nos lembra, nesse sentido, algo que é triste, mas pertinente, se visto como limite extremo:

> (...) A diferença entre prisões e hospícios, os quais, de fato, podem ser bastante similares, só pode ser descrita de maneira satisfatória em termos da diferença entre a relação do criminoso com a sociedade e a

do louco. Em termos de doença infantil, isso significa que a criança anti-social, muitas vezes um caso sem esperança, sempre consegue atenção, ao passo que para a criança louca é difícil obter a atenção adequada. Na verdade, a loucura não é reconhecida na infância pela sociedade, e muitas vezes falta tratamento para a criança louca, a menos que ela passe a ser anti-social. (WINNICOTT, 1990, p. 42).

Uma caracterização sucinta da criança como "problema" pode ser um ponto de partida, de modo a facilitar o diálogo inicial com as escolas – embora eu entenda, de antemão, que a denominação "problema" não é adequada ao interesse da criança. Por outro lado, entendo que a "problematização" pode ser benéfica, no sentido de se perceber a criança como não se apresentando sob a forma de simples resposta ao chamamento escolar, mas como uma pergunta que requer se fazer entender. Assim, parto de uma hipótese inicial e geral de que a escola lida com crianças bastante desconhecidas, verdadeiros enigmas – crianças singulares que suscitam a adoção de um paradigma que, para além do entendimento da dimensão coletiva, histórica, objetiva, das relações sociais que repercutem na escola, leve também em consideração os fenômenos de ordem individual, subjetiva. Um paradigma que busque dar conta da realidade inter e intrapsíquica, cujos determinantes vêm sendo pesquisados, por exemplo, pela psicanálise. Aqui sempre é bom lembrar um exemplo que Winnicott (1997, p. 163) nos oferece – o de três crianças correndo para a escola: uma corre porque está ansiosa, quer chegar logo, cumprimentar os amigos, a professora, ser cumprimentado; a segunda criança corre porque está atrasada, houve um imprevisto em casa, seu objetivo é chegar a tempo; a terceira corre porque, em seu encalço, há perseguidores que só ela "sabe" que existem.

A complexidade do mundo escolar, principalmente quando se tem em conta o compromisso com a universalização da educação, impulsiona a busca de paradigmas que permitam compreensões mais abrangentes do que acontece na escola e no seu entorno. Enquanto seletiva, a escola podia se dar ao luxo de excluir, com argumentos aparenemente plausíveis (porque altamente ideologizados), as crianças que não se adequassem aos propósitos e modos de funcionamento pré-estabelecidos pelo mundo escolar. Mas, como parte fundamental do compromisso com a universalização da escola, a lógica da exclusão é denunciada, buscando-se substituí-la por outra que considere o perfil da população a ser escolarizada como o eixo e o critério a partir dos quais a oferta escolar deva se organizar, adequando-se essa oferta àquele perfil, procurando-se novas formas de elaboração do mesmo. Em outras palavras: não é mais simplesmente que a criança deva se adequar à escola, mas também a escola é que precisa se recriar de modo a propiciar o acesso, a permanência e o sucesso escolar de todas as crianças. Aqui, *pari passu* com a quantidade de crianças a serem escolarizadas, a qualidade da educação oferecida está em foco.

Até certo ponto, os educadores têm se especializado na denúncia da exclusão e na tentativa de se construir uma escola que incorpore segmentos sociais até então marginalizados – por exemplo: os negros, os índios, os que têm necessidades de aprendizagens especiais (física, mental, auditiva, visual) e os que, de uma maneira genérica, pertencem às chamadas classes populares. Têm, também, denunciado e tentado reconstruir alternativas aos mecanismos de exclusão perpetrados pela própria escola – os sistemas arcaicos de gestão escolar, de metodologia de ensino, de avaliação, etc – que contribuem para os altos índices de evasão e repetência escolar. Os educadores têm, para isso, buscado a contribuição teórica que a sociologia, a ciência política, a psicologia, a filosofia, a história, etc., podem dar ao entendimento e à melhoria da educação. Mas, nesse encontro de saberes, ainda é especialmente controverso o esforço em direção à possível contribuição da psicanálise, a despeito de esta já ser uma ciência centenária. Como é também iniciante ainda o esforço em direção ao que a psicanálise pode aprender com os que estão engajados na prática escolar, em um movimento reciprocamente fecundo. A abertura da escola para uma leitura psicanalítica com certeza toca em angústias que circulam nas escolas à procura de um escoadouro.

Ao pensar a questão a partir, também, de um referencial psicanalítico, proponho às escolas se familiarizarem com um conceito que, para a reflexão sobre a desenquadrabilidade do aluno, pode tornar-se chave: o da neurose infantil. Freud já nos alertava que:

> As neuroses de crianças são muito comuns, muito mais comuns do que se supõe. Muitas vezes elas deixam de ser notadas, são consideradas sinais de uma criança má ou arteira, muitas vezes, também, são mantidas em estado de sujeição pelas autoridades responsáveis pelas crianças; porém, sempre podem ser reconhecidas, retrospectivamente, com facilidade. (...) Se uma neurose emerge posteriormente na vida, a análise revela, regularmente, que ela é continuação direta da doença infantil, que pode ter aparecido como sendo apenas um indício velado (FREUD, 1989, p. 425).

De modo geral, as escolas têm tido dificuldade de lidar com esse fato, ignorando-o institucionalmente ou, na melhor das hipóteses, ressentindo-se da falta de ajuda por parte de quem quer que seja. Mas há situações em que a sensibilidade humana detecta o sofrimento psíquico da criança, buscando formas possíveis de se manejá-lo a partir da própria escola. Nesse sentido, a escola não faz clínica infantil, mas, se percebe o sofrimento, pode organizar-se de formas a tê-lo em conta e, se possível, pode organizar formas de alívio. No mínimo, a escola pode entender melhor as ações em que a criança se engaja como forma autônoma de lidar com o seu próprio sofrimento. Às vezes, esse entendimento é quase tudo o que a criança precisa, no momento, para que possa continuar a se desenvolver.

Na consecução de tal ótica, é possível formular a hipótese de que, por dentro do mundo escolar, há crianças que suscitam, de modo extremado, uma atenção a tal ponto diferenciada que a escola se encontra em uma situação de lacuna de respostas sobre qual o curso de ações a serem desencadeadas. É nesse sentido que a escola se depara com uma "criança desenquadrada".

Creio que se poderia constatar que as dificuldades enfrentadas podem se expressar como um sintoma mobilizador de forças que ora levam à exclusão escolar e ora são convertidas para o alívio do sofrimento dessas crianças. Mas quando a escola encontra formas de lidar com essa criança "problemática", um indicador de qualidade educacional está presente, embora muitas vezes esses acontecimentos passem despercebidos pelo que vem se construindo como formas de avaliar a qualidade do ensino.

O processo de escolarização de tais crianças é tumultuado, mas hipotetizo ser possível encontrar algum membro da equipe escolar que venha tentando entender/lidar com esse problema de modo a assegurar a permanência dessas crianças na escola. Pode ser um professor, a psicóloga escolar, a assistente social, a orientadora educacional, a merendeira, quiçá o vigia, que venha a funcionar como um ponto de suporte para o estágio de dificuldades que a criança esteja atravessando. Por outro lado, esse mesmo membro da equipe poderá sentir a falta de um suporte para o que esteja tentando realizar. Nesse sentido, seria importante lembrar o impacto que se pode sentir quando se chega ao mundo familiar dessa criança "problemática". Se até então a criança era um problema carecendo de resposta, situação essa que causava impotência e mal-estar, ao procurar entender essa criança não há como deixar de lado a busca de entendimento de sua história familiar. E aí é possível que haja fatos que podem fazer a impotência e o mal-estar aumentarem. Vejamos alguns dados de outro caso que me foi relatado:

A criança tem 9 anos, vou chamá-la de Marta. (Omito aqui as ações dessa criança na escola, que levaram a que ela fosse identificada como criança problemática.) A certa altura dos acontecimentos, Marta é encaminhada para a diretoria. Como forma de ocupar essa criança inquieta, é lhe pedido para fazer um desenho, que chama a atenção da diretora: Marta desenhou a família – ela, o pai, a mãe, dois irmãos de tamanhos diferentes, e enquanto os outros estavam juntos no desenho, Marta aparecia separada, isolada. A diretora lhe pergunta por que ela não está junto da família. A resposta:

– Não, eu não posso ficar aqui junto, se eu ficar aqui junto meu pai vai querer saber se o seu João está vindo dormir com minha mãe. E meu pai, quando está embriagado, dorme tudo junto, ele, minha mãe e seu João. Agora, quando ele não está embriagado, ele quer que eu diga se seu João veio ou não veio. Não tá vendo que seu João veio? Então eu não posso ficar junto de jeito nenhum.

A diretora passa a conversar com o irmão de Marta, que também estuda na escola. Percebe que há muita fantasia que aponta para uma sexualidade tumultuada.

Nas visitas à espécie de barraco que serve de casa para a família de Marta, a diretora nunca encontra a mãe, que trabalha fora. Mas conversou com o pai e lhe pediu explicitamente que se abstivessem de práticas sexuais testemunhadas pelas crianças. A resposta do pai:

– Não, Marta fica debaixo da cama, ela não fica na cama com a gente não. E eu não posso perder o seu João! A senhora me desculpe, é seu João quem dá a feira. O menino que ela [a sua mulher, mãe de Marta] teve com seu João eu mandei pro seu João criar [essa criança, de quem Marta gostava muito, foi levada aos dois anos de idade para outra cidade onde mora seu João]. Todo fim de semana, todo sábado, seu João chega com uma feira, traz inclusive fruta. Professora, lavou tá novo! Marta fica debaixo da cama, ela não fica na cama com a gente.

A diretora continua o relato:

– Então não adiantava de maneira alguma eu tentar convencer esse pai. Eu procurei só me aproximar dele. A mãe, aos sábados, (...) só chegava totalmente embriagada. Totalmente embriagada mesmo! Pra poder dormir com seu João e com seu Zé, juntos.

A diretora, com a ajuda especial da professora de educação física, passa a dar atenção redobrada à Marta na escola. Aos dias de sábado, buscam Marta em sua casa e levam-na para passear. Diretora e professoras notam melhora de Marta na escola.

De modo geral, nos depoimentos sobre crianças problemáticas é possível registrar certa angústia pela falta de opções à disposição da escola para o encaminhamento e manejo dessas crianças. Menciona-se às vezes a necessidade de uma escola em tempo integral, ou de instituições que lhes ofereçam atividades no período oposto ao do turno escolar, ocupando o seu tempo que, se livre, muitas vezes é usado auto-destrutivamente. É possível também registrar certa crença na ajuda que pode advir da disponibilidade de tempo para "conversar" separadamente com essa criança. Mas as escolas não se sentem aparelhadas para isso, recaindo tal atividade para um ou outro profissional que, extrapolando a sua jornada de trabalho, sinta-se de alguma forma motivado a ajudar essa criança específica.

A escuta dessa criança – que se dá quando se conversa com ela – não é profissionalizada, no sentido da escuta psicanalítica. Mas intuitivamente é considerada como portadora de alívio, do mesmo modo que intuitivamente se percebe o sofrimento psíquico da criança.

Nos depoimentos é possível, também, notar o que pode ser entendido como transferência positiva entre a criança e o profissional da escola que se propõe a ouvi-la. Nesse sentido é interessante registrar que os profissionais muitas vezes relatam, com alegria, surpresas que tiveram ao encontrar por acaso essa criança fora do ambiente escolar, quando a criança lhes mostrou afeto e esperança. Os trechos dos relatos que se referem a esses encontros geralmente são emocionantes, como se a certeza de que se está fazendo algo de bom precisa aparecer não somente na escola, mas fora dela, na própria vida.

Referências bibliográficas

BURGESS, R. G. (ed.) *Field Research: a sourcebook and field manual.* Londres: George Allen & Unwin, 1982.

FREUD, Sigmund. Inibições, sintomas e ansiedade. In: *Edição Standard Brasileira das Obras Psicológicas Completas de S. Freud (ESB)* Rio de Janeiro: Imago, 1989, vol. XX.

_____. Algumas reflexões sobre a psicologia do escolar. *(ESB)* Rio de Janeiro: Imago, 1989. vol. XIII.

_____. Conferências Introdutórias sobre Psicanálise *(ESB)* Rio de Janeiro: Imago, 1989, vols. XV e XVI.

HAMMERSLEY, M.; ATKINSON, P. *Ethnography – principles in practice.* Londres: Tavistock, 1983.

KLEIN, M. *A psicanálise de crianças.* Rio de Janeiro: Imago, 1997.

LACAN, J. *Escritos.* Rio de Janeiro: Jorge Zahar, 1998.

MANNONI, M. *A primeira entrevista em psicanálise.* Rio de Janeiro: Campus, 1981.

SHEPHERD, R. *et alii* (org.). *D.W. Winnicott – Pensando sobre crianças.* Porto Alegre: Artes Médicas, 1997.

WINNICOTT, D. W. *O gesto espontâneo.* São Paulo: Martins Fontes, 1990a.

_____. *Natureza humana.* Rio de Janeiro: Imago, 1990b.

_____. *O ambiente e os processos de maturação – Estudos sobre a teoria do desenvolvimento emocional.* Porto Alegre: Artmed, 1983.

_____. *Da pediatria à psicanálise.* Rio de Janeiro: Francisco Alves, 1978.

_____. *O brincar e a realidade.* Rio de Janeiro: Imago Editora, 1975.

JOGO, CULTURA E PULSÃO: UMA SEMIÓTICA DOS BRINQUEDOS E DOS BRINCANTES

Pierre Normando Gomes da Silva[25]

O jogo da criança é regido por seus desejos ou, mais precisamente, por aquele desejo que facilita sua educação: o de ser grande.

Sigmund Freud, 1908

O jogo é uma produção humana indisfarçável na cultura. Dificilmente se encontrará uma cultura que não tenha seus jogos. Na infância, o jogo é marcante porque introduz a criança na sociedade, à medida que ela elabora suas cargas afetivas. Pois entendemos o jogo como um mediador dos códigos sociais, que, ao mesmo tempo, possibilita ao sujeito usufruir criativamente de suas forças inconscientes. O jogo é toda atividade em que sujeito e circunvizinhança estabelecem uma organização de troca, produtora de uma espécie de prazer, na qual há uma combinação criativa de elementos culturais e psíquicos. Por isso, neste texto, analisamos os significados sociais e libidinais do jogo, descrevendo os elementos culturais que estão simbolicamente presentes na brincadeira e a energia pulsante que capacita os brincantes para brincar.

---

[25] Pedagogo, teólogo, professor de educação física. mestre em teologia. mestre e doutor em educação. Professor adjunto no Departamento de Educação Física da UFPB. Membro do NEPPE.

Para decifrar a lógica dos significados do jogo, utilizamos como procedimento de análise a semiótica de Charles Peirce (1995), exposição que fazemos na primeira seção do texto. Em seguida, na segunda seção, analisamos a codificação social impressa simbolicamente nas cores, substâncias e funcionalidades dos brinquedos. Por fim, destacamos os componentes libidinais do ato de brincar, rastreando os desejos manifestos na alegria da repetição, no êxtase em dominar e na arte de criar.

Se o brincar é uma linguagem, a semiótica é seu método de decifração

O jogo é uma linguagem porque ele opera com signos, produzindo e comunicando pensamentos e sentimentos. O sistema falante do jogo, que envolve gestos, espaços, objetos, sons e roupas, possui duas faces: a cultural e a psíquica, que chamaremos, de acordo com a semiótica, da face simbólica do jogo, quando tratarmos da codificação social dos brinquedos, e da face indicial do jogo, quando tratarmos da energia libidinal dos brincantes. Tomar o jogo para estudá-lo, a partir da semiótica, implica entender o brinquedo e a ação do brincante como portadores de significados.

É a semiótica que nos ajuda a compreender o nosso estar-no-mundo como indivíduos sociais que somos. Essa ciência nos sinaliza que a prática social, seja ela qual for, "é mediada por uma rede intrincada e plural de linguagem, que nos constituem como seres simbólicos, isto é, seres de linguagem", afirma Lúcia Santaella (1990, p. 10). Semiótica é a ciência dos signos ou a área de conhecimento que tem como objeto de estudo o fenômeno da semiose. Semiose é uma palavra de origem grega, *semeion*, que designa ação dos signos. A semiótica estuda as organizações discursivas da significação, qualquer que seja o campo em que se manifestem, descrevendo, analisando, e interpretando essas linguagens. No final do século XIX e início do século XX, a semiótica foi organizada e sistematizada por Ferdinand de Saussure (Suíça, 1857-1913), advindo do campo da lingüística, e Charles Peirce (EUA, 1839-1914), proveniente do campo da filosofia.

Para Charles Peirce, a semiótica

> é a doutrina da natureza essencial e das variedades fundamentais de cada semiose possível (...) Por semiose entendo uma ação, uma influência que seja ou co-envolva uma cooperação de três sujeitos, um signo, o seu objeto e o seu interpretante (*apud* ECO, 2000, p. 10).

Nessa teoria, descreve-se o signo observando suas características e examinando seu interior para em seguida realizar um diagrama mínimo que possibilite considerar quais modificações o hipotético estado de coisas exigiria que fossem efetuadas nesse quadro. "Por tal processo, podemos chegar a conclusões sobre o que seria verdadeiro a respeito dos signos em todos os casos", assegura Peirce (1995, p. 45).

O signo é aquele que, sob certo aspecto ou modo, representa algo para alguém, ou seja, o representante dirige-se a alguém, cria, na mente dessa pessoa, um signo equivalente, ou talvez um signo mais desenvolvido. Nas palavras de Peirce,

> um signo é tudo aquilo que está relacionado a uma Segunda coisa, seu *Objeto*, com respeito a uma qualidade, de modo tal a trazer uma Terceira coisa, seu *Interpretante*, para uma relação com o mesmo Objeto (1995, p. 26).

Assim, o signo representa alguma coisa, seu objeto, não em todos os seus aspectos ou características, mas com referência a um tipo de idéia que se tem dele; esse é o fundamento do *representamen*.

Portanto, um signo tem relação triádica com seu objeto e com seu interpretante, ou seja, o *representamen* não só está ligado ao seu *objeto* (fundamento) e ao seu *interpretante*, mas se estabelece a partir de uma relação dialética entre eles:

qualquer coisa que conduz alguma outra coisa (seu interpretante) a referir-se a um objeto ao qual ela mesma se refere (seu objeto), de modo idêntico, transformando-se o interpretante, por sua vez em signo, e assim sucessivamente *ad infinitum* (1995, p. 74).

O *representamen* é aquilo que representa. O interpretante ou "imagem mental" é o signo criado na mente de alguém pelo *representamen*. O objeto é aquilo que é representado. Essa estrutura torna-se dinâmica na medida em que, por exemplo, o signo que foi representado torna-se outro signo. Ou seja, a função de um signo é representar o seu objeto, traduzindo-o por meio de um Interpretante; no entanto, o significado de um signo é o signo no qual ele deve ser traduzido, e essa tradução é dada num outro sistema de signos.

Para facilitar a compreensão de que o signo não é um dos membros da relação, mas a relação toda e completa, e que a estrutura da semiose é um processo de geração infinita de significações, apresentamos o seguinte esquema:

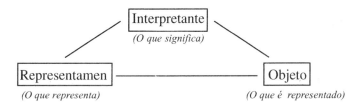

Figura 1. Esquema de uma estrutura da semiose
Fonte: COELHO NETTO, J. Teixeira, *Semiótica, informação e comunicação*. 5. ed. São Paulo: Perspectiva, 1999, p. 66.

Os processos de semiose foram divididos por Peirce em três tricotomias, a primeira, conforme o signo em si mesmo: *qualissigno*, como uma mera qualidade, por exemplo, tom da voz; *sinsigno,* como um existente concreto, uma ocorrência, por exemplo, um atentado terrorista; *legissigno*, como uma lei geral, por exemplo, as palavras. A segunda tricotomia corresponde à relação do signo para com seu objeto: *ícone*, quando guarda semelhança com o objeto, por exemplo, uma fotografia; *índice*, quando mantém alguma relação existencial com esse objeto, por exemplo, fumaça-fogo; *símbolo*, quando se relaciona por convenção, por exemplo, verde-esperança. A terceira tricotomia desenvolvida por Pierce, além de outras que não cabe aqui mencioná-las, por não ser esse o propósito do texto, é a tricotomia do signo para com seu interpretante: *rema,* quando esse é representado como um signo de possibilidade, por exemplo, uma palavra isolada; *dicissigno,* como um signo de fato, por exemplo, um enunciado; *argumento*, como um signo de razão, por exemplo, silogismo (cf. PEIRCE, 1995, p. 51).

Compreendemos o jogo como uma semiose, por isso, pensamos os brinquedos na brincadeira e os movimentos do corpo daqueles que brincam, como *representamens*. Analisamos esses *representamens* relacionando-os com os seus *objetos*, apenas nas dimensões simbólica e indicial. Como *símbolo*, os brinquedos são tidos como representantes dos códigos culturais, ou seja, representantes normativos que reproduzem hábitos sociais. E na relação *indicial*, quando os gestos dos brincantes são vistos como representantes da força de criação, da pulsão lúdica, que resistem à imposição das convenções sociais e criam um mundo próprio.

Se o brinquedo é uma construção da cultura, a codificação social é sua face simbólica

Iniciamos afirmando que no brincar está a origem do nosso gestual cotidiano. A herança de atitudes corporais de uma cultura é transmitida pelos sujeitos sociais desde a infância, a partir da vivência lúdica do brincar. Concordamos com Walter Benjamin (1984), quando afirma: "Todo hábito entra na vida como brincadeira, e mesmo em suas formas mais enrijecidas sobrevive um restinho de jogo até o final" (1984, p. 75). A brincadeira produz hábitos sociais, como os de sentar, dormir, vestir, comer, pentear os cabelos, chorar, sorrir, organizar uma casa, dirigir um negócio; enfim, o modo de portar-se diante dos outros e do mundo.

É pela brincadeira que o social apresenta-se no mais íntimo do individual, capaz de comandar as atitudes corporais dos indivíduos diante das circunstâncias da vida em comum. É no jogo que se aprende a utilizar o corpo, uma espécie de educação do gesto, cujo fim é intervir na consciência, produzindo movimentos prontos para controlar as emoções, para evitar hábitos indesejados, ou ainda, para fazer adaptar o corpo a seu emprego. E é também no jogo e pelo jogo, como um fator distintivo e fundamental, presente em toda produção cultural, que a civilização surge e se desenvolve (cf. HUIZINGA, 1996).

Nessa direção, o jogo funciona como estratégia de controle exercida sobre conduta e sentimentos humanos rumo a uma direção muito específica. É no jogo e pelo jogo que as emoções espontâneas são moldadas e os sentimentos são controlados. É uma estratégia de autocontrole, portanto, não impositiva e exterior ao sujeito, mas que se instala profundamente desde a tenra idade, retransmitindo os padrões sociais e desenvolvendo, no próprio sujeito, uma auto-supervisão automática das paixões. Uma espécie de "censor" capaz de controlar impulsos emocionais e inclinações afetivas, fora do alcance direto do nível de consciência. Assim, entendemos a brincadeira, pela estética da disciplina, como prática social de codificação da ação corporal, desenvolvida a partir da realização de tarefas repetitivas, da ocupação de determinados espaços, da atividade rítmica praticada.

Dessa forma, o jogo está sendo visto como símbolo de uma sociedade controladora. O símbolo em Peirce "é um signo que se refere ao Objeto que denota em virtude de uma lei, normalmente uma associação de idéias gerais que opera no sentido de fazer com que o Símbolo seja interpretado como se referindo àquele Objeto"

(1995, p. 53). Essa sociedade investe-se sobre o corpo dos brincantes a partir dos brinquedos, portanto, são representantes do código de conduta prevalecente, ou seja, segundo o modo específico de organização da economia, da sociedade e da cultura. O jogo deixa de ser tomado como um lugar idílico e passa a ser compreendido como um espaço em que se imprime o código arbitrário de uma sociedade (cf. OLIVEIRA, 1986).

Os símbolos das cores, substâncias e funcionalidade dos brinquedos

O jogo torna-se palco da fabricação de comportamentos sociais, segundo a codificação adulta. As brincadeiras e os brincantes não são vistos pelo prisma de um universo de ingenuidade e de sonhos, mas são sublinhados em seus enraizamentos históricos e em seus condicionantes ideológicos. Logo, deixa de ser campo para apenas se conhecer a natureza individual da criança, mas também para se compreender a cultura e os mecanismos de controle que nela se investem. Para isso, destacamos a seguir a presença da codificação social nos brinquedos, inspirados em Jean Baudrillard (2000), quando atentarmos para os símbolos das cores, das substâncias e da funcionalidade dos objetos.

Quanto à cor dos objetos: vermelha, amarela, cinza e azul são as cores predominantes para os brinquedos masculinos; já branca e rosa são cores mais presentes nos brinquedos femininos, ratificando assim a fronteira moral entre os lugares da masculinidade e da feminilidade. Um brinquedo rosa para o menino constituiria uma ameaça à sobriedade do cinza, à serenidade do azul e ao otimismo do amarelo.

Quanto à substância de que são formados os brinquedos, na sua maioria são fabricados de plástico ressecado, poucos são os de madeira, couro, tecido ou metal. A predominância do plástico é símbolo da nossa sociedade artificial e polimorfa. Ao contrário da madeira ou do couro natural que têm seu odor próprio, envelhece, têm seus parasitas, o plástico não é vivo, nem morto, não evoca gerações passadas, é imparcial e universal. Além de não ser maternal, o plástico é símbolo do rompimento social com o naturismo monomórfico ou das homogeneidades uniformes. O plástico tem a capacidade de assumir qualquer forma, por isso diz respeito ao polimorfismo cultural.

Quanto à funcionalidade dos brinquedos, a predominância dos brinquedos atuais é do tipo pronto, não se tem muito o que fazer com eles. Eles já estão acabados, todas as possibilidades já estão previstas no manual. Diferentemente dos brinquedos por completar ou por moldar, muitos brinquedos possuem controles remotos, oferecendo ao brincante a capacidade de exercer um poder à distância do seu objeto. Os brinquedos movem-se a partir de uma bateria ou por fricção, de modo que a energia em ação não é a do brincante, ou seja, toda ação do brinquedo requer um mínimo de energia cinética daquele que brinca. Os brinquedos emitem sons, movem-se, são luminosos, mas tudo isso com uma intervenção mínima do jogador. Evidente que esses brinquedos se mantêm, porém com certa necessidade de intervenção, não por ineficiência tecnológica, mas para dar sentido a quem brinca, assegurando-lhe poder.

Toda essa funcionalidade mínima do brincante é símbolo do mundo do trabalho, dirigido pela regularidade dos gestos de comando ou de telecomando. Um mundo em que a aparição do homem é mínima, aparece apenas com as "extremidades", como no caso "da célula fotoclítica que substitui a pressão, a percussão, o choque, o equilíbrio do corpo, o volume e a divisão de forças, a prática e a habilidade" (BAUDRILLARD, 2000, p. 55). O próprio contato do brinquedo com o corpo do brincante é minimizado: a apreensão dos objetos que atingia todo o corpo é substituída pelo contato por meio de um controle. Os locais que os brinquedos "exigem" para ser brincados (em casa e sentados), os quais fazem parte da sua funcionalidade, também são signos. A rua, o chão batido e a terra são lugares inadequados ao funcionamento dos brinquedos atuais.

Ora, esses exemplos supracitados compõem a face simbólica do signo do jogo, ou seja, os brinquedos são vistos como símbolos de um investimento político-social. Sendo assim, os gestos da criança brincando são entendidos como sinais da regularidade social, ou seja, vemos o jogo infantil destacando os vestígios da geração mais velha com os quais a criança defronta-se ao brincar. No entanto, essa é apenas uma face do jogo, as operações da disciplina instaladas pelos adultos nos brinquedos se confrontam com as forças opostas vindas do próprio corpo do brincante, pois ele mesmo tem sua ordem, seu tempo, suas condições internas, seus elementos constituintes, suas fantasias e, principalmente, seus desejos. Por isso, percebemos a brincadeira não apenas pelo interesse da classe social, mas também pelo ângulo dos que brincam.

Se o brincar é uma construção psíquica, a pulsão é sua face indicial

Investigar a brincadeira apenas pelo ângulo dos interesses da geração adulta implica num equívoco por, pelo menos, duas razões: primeiro, estaríamos sendo parciais, observando somente uma face do fenômeno e desprezando a totalidade do objeto; segundo, estaríamos descaracterizando a criança enquanto sujeito ativo do processo. E, desconsiderando essas razões deixaríamos escapar a essência da investigação do jogo – a pulsão lúdica. Pois a análise da codificação não toca no interior do jogo, nas sensações do corpo que brinca, nas emoções dos gestos dos jogadores. Dessa forma, mesmo reconhecendo que o brinquedo é condicionado pela cultura econômica e que nos gestos da brincadeira estão implícitas as técnicas civilizadoras, o jogo não pode ser abordado apenas como imitação, reprodução pacífica do mundo adulto.

Há uma força na criança ao brincar que, inconscientemente, rompe com a codificação rígida. É a força do desejo que cria um novo mundo, um universo peculiar, tão poderoso quanto efêmero. Talvez pensando nessa força Huizinga tenha afirmado que o jogo pertence ao "mundo do selvagem, da criança e do poeta" (1996, p. 30). Nessa mesma direção, Freud, em 1908, trinta anos antes do *Homo ludens*, dizia que

> ao brincar a criança se comporta como um escritor criativo, um poeta, pois cria um mundo próprio, ou melhor, reajusta os elementos de seu mundo de uma forma que lhe agrade (FREUD, 1952, p. 50).

Pois, ao escrever, o poeta, semelhante ao brincar, fantasia com as palavras, cria mundos, sente prazer em seus devaneios.

O lúdico sempre esteve próximo de ambientes propícios à fantasia, tais como: festas, espetáculos circenses, romances, liturgias mágicas e brincadeiras infantis. As atividades desenvolvidas nesses ambientes, e em particular as brincadeiras, são caracterizadas pela economia do "desperdício de energia". Ao contrário das atividades revestidas da racionalidade do comedimento, do gesto treinado e submetido ao controle social, o jogo é avaliado pelo gosto, sem preocupar-se com o gasto energético. Por isso, observamos o gesto infantil no jogo como um "sinal secreto", (BENJAMIN, 1984, p. 87); portanto, investigá-lo é descobrir o que move a brincadeira e isso não se restringe a apresentar a função social do jogo. Para encontrar a vitalidade do fenômeno, seu "*élan* fecundo". Para Benjamin o segredo enterrado no jogo é o "impulso lúdico", também chamado pelo filósofo de "instinto lúdico", "ímpeto de jogar", "força comovente", "energia" ou "força primordial".

Na semiótica peirceana, a categoria que dá conta dos elementos que indicam o objeto é chamado de *índice*. Um índice envolve a existência de seu objeto, ou melhor, se refere ao objeto que denota em razão de se ver afetado por aquele objeto: um furo de bala, uma batida na porta ou um sintoma da gripe. Segundo Peirce, os índices podem ser distinguidos de outros signos, ou representações, por três traços característicos:

Primeiro, não têm nenhuma semelhança significativa com seus objetos; segundo, referem-se a indivíduos, unidades singulares; terceiro, dirigem a atenção para seus objetos através de uma compulsão cega (PEIRCE, 1995, p. 76).

São leitores dos signos indiciais, dentre outros, "os seguidores de trilhas de cavalos ou outros animais, o profeta e o adivinho, o detetive, o historiador de arte, o médico, e o psicanalista", afirma Thomas Sebeok (*apud* SANTAELLA, 2000, p. 121). Daí nos apropriarmos da psicanálise para "ler" a face indicial do jogo, identificando essa força que move a brincadeira, a partir dos gestos e expressões do brincante. Tal como Freud fez em 1921 ao analisar o "jogo do carretel" de um menino de dezoito meses, assim nós destacamos três possíveis características dessa força ou desse desejo; três faces de um mesmo rosto, três elementos de uma mesma pulsão.

O índice da repetição ou o eterno retorno do prazer

O eterno retorno é uma categoria nietzschiana (1983) que significa a afirmação da vida diante do absurdo do sofrimento. É isso que caracteriza o jogo, o desejo de repetir a experiência de prazer. Retornar incansavelmente à sensação da alegria vivenciada indica que a brincadeira é movida pelo prazer. Os olhos sonhadores da criança que diz "mais uma vez" e o riso eufórico do prazer reencontrado é a declaração de que a repetição no jogo é uma necessidade. Para Benjamin, o jogo é movido por uma lei, a "lei da repetição" (1984, p. 75). A alma do jogo está na repetição dos gestos prazerosos.

Para Benjamin, "a essência do brincar não é um 'fazer como si', mas um 'fazer sempre de novo', transformação da experiência mais comovente em hábito" (1984, p. 75). De forma que o mais importante não é caracterizar o jogo como um faz de conta, mas como pulsão para repetir. A pulsão lúdica não é apenas a alma do jogo, mas constitui-se numa experiência de plenitude que nos remete a uma situação primordial. É uma experiência poderosa. Daí Benjamin afirmar:

> O ímpeto obscuro pela repetição não é aqui no jogo menos poderoso, menos manhoso do que o impulso sexual no amor. (...) E, de fato, toda e qualquer experiência mais profunda deseja insaciavelmente, até o final de todas as coisas, repetição e retorno, restabelecimento de uma situação primordial da qual nasceu o impulso primeiro (1984, p. 74).

Essa comparação de Benjamin é certamente remissiva aos princípios de funcionamento psíquico descobertos por Freud. No jogo e no amor manifesta-se a pulsão lúdica, um desejo insaciável e poderoso que busca o retorno da alegria experimentada. O eterno retorno da coisa amada. Um retorno para saborear o vivido sempre com renovada intensidade. Começar mais uma vez, repetir a ação para gozar novamente a felicidade perdida. A compulsão à repetição fez parte das elaborações do conceito de **pulsão de morte** desenvolvido por Freud em 1920, quando descobriu que o funcionamento do aparelho psíquico não atua apenas diminuindo a quantidade de excitação para manter constante o nível de energia. Nos momentos em que há uma invasão energética no aparelho psíquico, o mecanismo utilizado não é o **princípio do prazer** (constância), mas a **pulsão de morte**, capaz de projetar a excitação como se estivesse sendo atacada de fora, para fazer escoar toda energia, é nesse momento que se produz a repetição. Em *Muito além do princípio do prazer,* Freud (1921) construiu a terceira teoria do dualismo pulsional (morte/sexual) tematizando, dentre outros fenômenos, o jogo do neto, de dezoito meses de idade, que ficou conhecido como o jogo *Fort-da* (Fora-aqui).

Nesse jogo, Freud problematizou a compulsão à repetição, interrogando-se: "Se a saída da mãe não é agradável ou indiferente, como pode, então, estar de acordo com o princípio do prazer o fato de o menino repetir, na forma de jogo, uma situação dolorosa?" (1952, p. 228). Destacamos aqui a repetição como índice do sofrimento da saída da mãe, pois essa repetição, para o pai da psicanálise, tal como nos sonhos traumáticos, era a tentativa de dar sentido ao ocorrido, elaborar algo que aplacasse o sofrimento. A repetição na brincadeira elabora algo para além do princípio do prazer. Quando adentramos nesse âmbito, a brincadeira reveste-se de uma outra compreensão, deixa de estar vinculada apenas ao domínio do prazer e da alegria, consenso para a maioria dos pesquisadores do lúdico[26], para relacionar-se com a pulsão de morte. A repetição indica que a brincadeira surge perante o sofrimento, ou analiticamente, diante da ausência da mãe (ou figura materna). É o rompimento da relação objetal mãe-filho que origina o brincar.

É a atividade lúdica que vai permitir ao bebê prescindir de sua mãe. O outro materno só consegue obter liberação mediante o manejo concentrado e jubiloso de um objeto material substituto. O jogo começa, dizem Lebovici e Diatkine, "quando a mãe presenteia a criança com chupetas e brinquedos que considera como entretenimento" (1988, p. 28). A brincadeira surge com a ausência da mãe que está fora ou não pode dar a atenção permanente dada pelo brinquedo, ou ainda, a mãe permite-lhe brincar com o próprio corpo, mesmo que em determinados momentos se sinta ofendida porque comprova que seu filho pode brincar sem ela.

A ausência da mãe não é apenas a sua não presença, é a sua própria incapacidade de acolher totalmente. Rubem Alves, analisando as histórias infantis, supostamente contadas pelas mães para fazer as crianças dormirem, diz que todas elas são variações de um único tema: o abandono da criança. O abandono é devido à morte da mãe, à maldade da madrasta, à distância do pai, à escuridão da floresta... Para esse autor, as histórias infantis falam de duas coisas: primeiro,

---

[26] Escritores tais como SCHILLER, F. *A educação estética do homem*. 3ª ed. SP: Iluminuras, 1995; COLLOIS, Roger. *Los juegos y los hombres*. Barcelona: Seix Barral, 1958; DUVIGNAUD, Jean. *El juego del juego*. Colombia: Fondo de cultura Economica, 1997; OLIVEIRA Paulo Sales. *O que é brinquedo*. SP: Brasileiense, 1984; BROGÉRIE, Gilles. *Brinquedo e cultura*. SP: Cortez, 1995; DUFLO, C. *O jogo*: de Pascal a Schiller. Porto Alegre: Artmed, 1999; SANTIN, Silvino. *Educação física*: da alegria do lúdico a opressão do rendimento. Porto Alegre, EST/ESEF, 1996.

"somos crianças perdidas na floresta, aterrorizadas pela noite que se aproxima, por fora e por dentro, sendo inúteis todos os gritos"; segundo, "não há mãe cujo colo seja grande bastante para fazer adormecer o nosso medo". Até porque, "mãe alguma é esta Mãe desejada, em todas elas há um pouco de madrasta. E um pouco de orfandade também: também elas estão perdidas" (1990, p. 47).

A distância da mãe, ou do outro materno, sentida dolorosamente pela criança, faz marcar este Grande Vazio que habitará nosso corpo durante toda a vida. Então, ao deparar-se com esse "imenso maternal vazio", a criança elabora algo impressionante – a brincadeira. Assim, a brincadeira é um dique contra o abandono, uma sustentação efêmera nesse grande vazio. A brincadeira é criada para não se cair na desolação, tal como a aranha que elabora sua rede para caminhar sobre o abismo, assim são as crianças ao criarem a brincadeira.

Então, a repetição incansável da criança na brincadeira não é catexia, não é ritual estereotipado em si mesmo, mas é relação dialógica com o objeto substituto, seu prórpio corpo ou o corpo de outros. A brincadeira é um jeito de sorrir em meio ao sofrimento. O lúdico é trágico. Em *Ecce Homo*, Nietzsche descreve o trágico como "afirmação da vida, também nos seus mais estranhos, mais árduos problemas, a vontade de viver fruindo o sacrifício dos mais altos tipos produzidos pela sua inexauribilidade" (1984, p. 76). Ao interpretar a tragédia grega como a vontade helênica contra o sofrimento, afirma o filósofo-poeta: "a vida, a despeito de tudo, é indestrutivelmente poderosa e alegre" (1974, p. 16).

A brincadeira é trágica, triunfa sobre a demolição dos monstros. Podemos tomar Dionísio como o herói que a representa, visto ser ele aquele deus que experimenta em si o sofrimento da individuação quando foi despedaçado pelos Titãs. Essa relação da brincadeira com a tragédia aparece na linguagem alemã, conforme destaca Freud, "assim se diz, *Lustspiel* ("jogo prazeroso", comédia) e *Trauerspiel* ("jogo triste", tragédia), designando-se *Schauspieler* ("jogador cênico", ator) a pessoa que interpreta" (1908, p. 50). A repetição na brincadeira, o riso da criança ao reencontrar-se com a felicidade perdida é semelhante ao riso dos sátiros na tragédia, alegria em meio à destruição. A repetição na brincadeira significa, diante da morte, rir; frente ao abismo, dançar; em meio ao maternal vazio, brincar.

O índice da atitude soberana do brincante ou o êxtase do domínio

Descrevendo a sensação da criança que anda de carrossel, Benjamin afirma que a sabedoria infantil é tornar a vida um "êxtase primordial do domínio" (1984, p. 79). Nesse sentido, a pulsão lúdica não se manifesta apenas no retorno da alegria ao repetir o jogo, mas também no prazer de comandar. A criança, ao brincar, afirma seu comportamento ativo, à medida que exerce seu poder sobre os brinquedos. É o momento do confronto, quando o brinquedo não lhe permite exercer seu domínio, devido sua estrutura autoprogramada, então, ele é quebrado. Por isso, diz Benjamin, "a criança vive em seu mundo como ditador" (1984, p. 86).

Ao brincar, a criança coloca-se como um soberano sobre todas as coisas. Tudo obedece ao comando dela. Essa atitude soberana, provocada pela pulsão lúdica, é uma característica indispensável ao jogo infantil. No jogo, a criança não se coloca perante o objeto, mas sobre ele, acima dele. Diferente dos rousseaunianos para quem as crianças são boazinhas ou ingênuas, que precisam ser protegidas da sociedade, Benjamin, inspirado em poetas como Ringelnatz e pintores como Klee, descreve que é peculiar da natureza infantil sua drasticidade, sua faceta cruel, grotesca e selvagem. Para ele, há um elemento despótico e desumano na brincadeira, pois alheias ao mundo, as crianças são descaradas,

> riem de tudo, mesmo dos reversos da vida, conseqüência de uma esplendida expansão de uma alegria que irradia sobre tudo, até sobre as zonas mais sombrias e tristes. Pequenos atentados terroristas maravilhosamente executados, com príncipes que se

despedaçam mas que voltam a se recompor; incêndios que irrompem automaticamente em grandes lojas, invasões e assaltos. Bonecas vítimas que podem ser assassinadas das mais diversas formas e seus correspondentes assassinos (MYNONA *apud* BENJAMIN, 1984, p. 65).

A cada brincadeira um drama é escrito. Os pequeninos são deuses que no Olimpo de sua imaginação designam sofrimentos aos seus bonecos e bonecas, animais e vegetais. E, ao mesmo tempo, além de divindade, a criança é anunciadora e heroína, assassina e assassinada, vítima e vilã, ingênua e macabra. Essa compreensão é esclarecida por Freud, no jogo do carretel, em sua segunda interpretação, na qual ele afirmava haver certa agressividade na atitude da criança ao jogar o objeto, era como se estivesse dizendo para a mãe, que a havia deixado numa posição de passividade: "Te ponho fora, já que me abandonas". Naquela brincadeira, "O lançar longe o objeto, de modo que desapareça ou fique fora, poderia ser a satisfação de um impulso reprimido de vingança contra a mãe por ter se separado dele. Significaria a sua contrariedade à situação: Podes ir, não te necessito. Sou eu que te deixo'" (1921, p. 21).

Para além de todo o senso de moralidade burguesa, o que brota deste mundo miniaturizado, desta "comuna lúdica das crianças" (BENJAMIN, 1984, p. 65), é uma esplêndida expansão da alegria de dominar que irradia sobre tudo. O ímpeto de dominar o brinquedo está presente no jogo, sem o qual perde seu poder encantador. Esse poder é que envolve os participantes, desligando-os do mundo externo, inclusive o adulto que, de repente, se vê tomado pelo brincar. O adulto acossado pela ansiedade do cotidiano, sem solução, deixa envolver-se com o brinquedo ao ponto de ficar totalmente absorto, vive a libertação de seus horrores, ou pelo menos, a suspensão de seus dramas, vivencia o êxtase, livrando-se da pesada carga imposta pela vida e conquistando o intenso prazer proporcionado pelo riso, fala Freud referindo-se aos devaneios (cf. v. XVIII).

O índice dos gestos inusitados ou a criação artística

É possível perceber que a pulsão lúdica também se manifesta na brincadeira quando a criança cria. É uma criação corporal, semelhante ao gesto da mão do pintor que capta uma situação ao pintar, e pinta expressando a inervação receptiva dos músculos. São músculos ópticos e olhares táteis. Nas palavras de Benjamin, parafraseando Konrad Field (1984, p. 86), o pintor não é um homem que vê de maneira mais naturalista, poética ou estética que os outros homens. É antes um homem que observa mais intimamente com as mãos quando o olhar é tolhido; que transmite a inervação receptiva dos músculos ópticos à inervação criadora da mão.

De semelhante forma é o gesto infantil criativo, desencadeado no ato de jogar. A criança percebe e age com o corpo, cria um gesto como resultado da inervação receptiva dos músculos e liberta a imaginação. Esse gesto é espontâneo e manifesta-se inesperadamente, mas em concordância com o ambiente em que o produziu. Novas forças são mobilizadas por novas inervações receptivas, desembocando num desempenho corporal novo, variação de um desempenho já automatizado e dantes não vivido, nem ensinado. Os gestos inusitados são índices da criatividade como aspecto da vida e do viver total. Pois como afirma Winnicott, "é no brincar, e somente no brincar, que o indivíduo, criança ou adulto, pode ser criativo e utilizar sua personalidade integral: e é somente sendo criativo que o indivíduo descobre o eu (*self*)"(1975, p. 80).

Freud, após descrever o comportamento do menino no jogo do carretel, parece ter ficado surpreso com aquela criação; então diz, "Observei, por último, que tudo aquilo era um jogo inventado por ele próprio e que não usava seus brinquedos para nada mais do que jogar com eles 'estar fora'" (1921, p. 227). O fato de o menino oferecer outra finalidade a seus brinquedos é índice dessa capacidade pulsional de converter objetos e produzir gestos inusitados para satisfação de desejos reprimidos. Com o jogo criativo do carretel, aquela criança dizia a sua mãe verdades difíceis de serem expressas de outra maneira, visto que na brincadeira as crianças "revelam aquilo de que sofrem e aquilo que lhes dá felicidade", versos de Goethe citados por Freud ao referir-se às origens da fantasia (cf. 1908).

Considerações finais

A partir destas análises, gostaríamos de considerar algumas implicações pedagógicas, pois, ao tomar a semiótica para perscrutar os objetos e os gestos produzidos na brincadeira, estivemos preocupados em subsidiar os docentes a repensarem a utilização do jogo em suas práticas educativas. Primeiro, em termos investigativos, é possível discutir a brincadeira sem ter a pretensão de classificá-la, utilizá-la para corrigir os gestos e ensinar obediência as normas. Para nós, é mais importante compreender suas vinculações sociais e sua vitalidade própria, o engendramento da significação desejante. Segundo, desvendar as (dês) razões dessa pulsão lúdica implica em afirmar que o jogo é mais do que conteúdo a ser assimilado, é uma experiência de prazer a ser explorada várias vezes na aula. Terceiro, o desempenho criativo tem mais facilidade para aparecer no jogo quando há amplos e fecundos espaços para a improvisação, nos quais é permitido emergir gestos espontâneos. Isso acontece quando a criança é concebida como sujeito ativo do processo, como aquela capaz de participar criativamente da brincadeira, pois dessa forma se relativiza o conteúdo ideológico dos brinquedos e o poder de intervenção dos adultos. Assim, a relação entre o interesse de classe social e o ato de brincar não pode ser entendida de forma mecânica ou linear, o que um planeja não é o que o outro executa.

A partir de Freud e Benjamin, podemos deduzir que a educabilidade do brinquedo está nas mãos das crianças e não nas do pedagogo. Pelo fato de a criança ser ativa no processo, retira de nós, pedagogos, o poder de separar brinquedos como "educativos" e "não-educativos". Pois é no ato de brincar que os brinquedos adquirem significação, e não na intenção pedagógica do adulto ou nas propriedades do brinquedo. Os brinquedos são transformados, "pedagogizados", pela própria capacidade imaginativa dos brincantes, por isso são indexáveis. Não é que o planejamento para seleção e uso de brinquedos seja desnecessário, nem que os brinquedos não possuam intencionalidade própria, mas é preciso tanto perceber o que os brinquedos apelam às crianças, quanto o que as crianças dizem ao brincar.

Referências bibliográficas

ALVES, R. *Tempus fugit*. 3.ed. São Paulo: Paulus, 1990.

BAUDRILLARD, J. *O sistema dos objetos*. 4ª ed. São Paulo: Perspectiva, 2000.

BENJAMIN, W. *Reflexões: criança, brinquedo e a educação*. 4ª ed. São Paulo: Summus, 1984.

COELHO NETTO, J. T. *Semiótica, informação e comunicação*. 5ª ed. São Paulo: Perspectiva, 1999.

ECO, U. *Tratado geral de semiótica*. 3ª ed. São Paulo: Perspectiva, 2000.

FREUD, S. (1908) La creación poética y la fantasia. In: *Psicoanálisis aplicado*. Obras Completas. Buenos Aires: Santiago Rueda, 1952. v. XVIII.

_____. (1921) Más allá del principio del placer. In: *Una teoria sexual y otros ensayos*. Obras Completas. Buenos Aires: Santiago Rueda, 1952. v. II

HUIZINGA, J. *Homo Ludens: o jogo como elemento da cultura*. 4ª ed. São Paulo: Perspectiva,1996.

LEBOVICI, S.; DIATKINE, R. *Significado e função do brinquedo na criança*. 3ª ed. Porto Alegre: Artes Médicas, 1988.

NIETZSCHE, F. *Ecce homo*. São Paulo: EDIOURO, 1984.

_____. *Assim falava Zaratustra*, São Paulo: EDIOURO, 1983.

_____. *Obras incompletas*. SP: Abril Cultural, 1974.

OLIVEIRA, P. S. *Brinquedo e indústria cultural*. Petrópolis: Vozes, 1986.

PEIRCE, C. *Semiótica*. 2.ed. São Paulo: Perspectiva, 1995.

SANTAELLA, L. *O que é semiótica*. 9ª ed. São Paulo: Brasiliense, 1990.

SANTAELLA, L. *A teoria geral dos signos: como as linguagens significam as coisas*. São Paulo: Pioneira, 2000.

WINNICOTT, D.W. *O brincar e a realidade*. Rio de Janeiro: Imago, 1975.

EDUCAR O HOMEM QUE DESEJA

Iraquitan de Oliveira Caminha[27]

Em *O mal-estar na civilização*[28], Freud (1976-b, p. 81) declara que o mundo humano é extremamente variado. Isso serve para indicar não somente a existência de uma discrepância entre os pensamentos e as ações das pessoas, mas fundamentalmente a diversidade de "impulsos plenos de desejos". É a partir dessa compreensão que passamos a refletir sobre a tarefa de educar. Nesse sentido, não basta apenas pensar a educação do ser humano como cuidar, disciplinar, instruir e formar, sob o ponto de vista moral e estético, sem concebê-lo como um ser que deseja. Na difícil missão

---

[27] Doutor em filosofia pela Université Catholique de Louvain – Bélgica, professor do Departamento de Educação Física e dos Programas de Pós-Graduação em Educação e em Filosofia da Universidade Federal da Paraíba (UFPB), presidente do Comissão de Ética Profissional do Conselho Regional de Educação Física (CREF 10 PB/RN) e membro do Comitê de Ética em Pesquisa do Centro de Ciências da Saúde (CCS) da UFPB. Iraquitan@ccs.ufpb.br.

[28] Utilizamos como referência para as nossas citações a *Edição Standard Brasileira das Obras Completas* de Sigmund Freud.

de formar homens civilizados, não se pode deixar de considerar que cada pessoa é uma fonte inesgotável de desejos. Formar homens civilizados significa cultivar o espírito de convivência social, possibilitando, dessa forma, a reconciliação de todos os homens que passam a constituir o conjunto da humanidade.

Todo educador, independentemente de suas opções metodológicas e concepções políticas, tem como esperança a instauração de um mundo mais civilizado, ou seja, mais humano. É dessa forma que se espera progressivamente o aperfeiçoamento da humanidade. Cedamos à tentação de perguntar: qual o futuro de nossa civilização? Quando falamos "nossa civilização", temos plena consciência de que apontasmos para uma noção universalista de nosso mundo atual que pode ser perfeitamente questionada por uma perspectiva culturalista, responsável pela sustentação da tese de que é impossível considerar uma única civilização no mundo contemporâneo sem entendê-la como uma multiplicidade de culturas.

Entendemos civilização do mesmo modo que Freud utiliza em *O futuro de uma ilusão*. Segundo ele, a civilização diz respeito a tudo aquilo "em que a vida humana se elevou acima de sua condição animal e difere da vida dos animais" (FREUD, 1974a, p. 16) Faz parte do processo de civilização todo o conhecimento e a capacidade que o homem adquiriu com o propósito de controlar as forças da natureza e extrair dela toda a riqueza necessária para satisfazer as necessidades humanas e criar as diversas formas de cultura. Faz parte também desse processo a construção de normas para ajustar as relações humanas, especialmente, em relação à distribuição das riquezas disponíveis. Desse modo, para Freud, a civilização constitui um objeto de interesse humano universal.

Apesar de reconhecer esse interesse universal, Freud (1974a) afirma que todo indivíduo é inimigo da civilização. Nesse sentido, como é pesado o fardo do sacrifício que a civilização impõe ao indivíduo para que seja possível a vida comunitária. Se nós realizamos nossa tarefa de educar pensando na constituição de um mundo mais civilizado, estaremos defendendo a civilização contra os indivíduos.

Tal afirmação nos faz lembrar do dilema entre indivíduo e comunidade, examinado por Arthur Koestler (1976) em *O zero e o infinito*. O zero representa o indivíduo subordinado à comunidade. Em contrapartida, o infinito é o indivíduo considerado como sagrado, isto é, uma unidade humana igual ao infinito.

Segundo Canivez (1991), a escola exige que cada indivíduo seja integrado à comunidade com a obrigação de instituir uma vida em comum. É evidente que a educação não pode ser reduzida à educação escolar, mas não podemos deixar de reconhecer que ela tem um papel fundamental no mundo presente. A escola institui uma convivência de seres diferentes sob a autoridade de regras que possuem o mesmo valor para todos. Saber conviver passa a ser de vital importância para todos os seres humanos.

No tocante aos avanços tecnológicos, não é difícil de reconhecer que a humanidade deu passos largos em relação ao controle sobre a natureza. Todavia, não é possível admitir, com certeza, que o progresso tenha sido obtido em relação às questões humanas. Não é muito difícil constatarmos diversos problemas de relacionamento humano que representam uma verdadeira agressão a nossa condição de homens civilizados. Na maioria das vezes, somos todos levados a crer que, guiados pela razão, deveríamos renunciar e reprimir nossos desejos pessoais que contrariam os valores universais da civilização ou da humanidade.

A civilização está constantemente ameaçada. Para Freud (1974a), os perigos que ameaçam a civilização não podem ser eliminados apenas por meio de uma distribuição apropriada das riquezas produzidas. A consolidação da humanidade não está fundada apenas na riqueza, nos meios de adquiri-la e nas disposições para sua distribuição. Ser civilizado ou mais humano não é somente uma questão de ordem material, mas também de natureza psicológica. Nós, educadores, não podemos apenas reivindicar um projeto educacional que livre o povo brasileiro da exclusão social. O acesso a uma escola de qualidade é realmente fundamental para todo indivíduo que é postulante ao mundo civilizado. Porém, tal exigência não pode negligenciar as questões em torno da subjetividade dos indivíduos. Para isso, se faz necessário que os educadores reconheçam que seus alunos são seres que desejam. Nosso desafio, agora, é questionar e refletir como a escola, instituição do saber coletivo poderia conciliar dever e desejo.

Pensamos que a escola não deve ser apenas um lugar para dominar desejos, atitude indispensável para instauração da civilidade, mas também para falar deles. Não é somente disciplinando e coagindo que formaremos homens civilizados. A preservação da civilização, como sinal de humanidade, exige que se dê ouvidos aos desejos, por mais estranhos que eles possam ser. A escola não deve ser concebida, apenas, como instrumento de controle social, mas como lugar de debate sobre a vida de homens que desejam. Não queremos deixar de reconhecer os limites para a efetivação desta escuta, mas nossa intenção é alertar que atitudes rebeldes, que expressam a desobediência, sempre ameaçaram o estado de civilização. O ser humano está sempre sujeito a transitar da docilidade à crueldade e vice-versa.

Sabemos que alguns desejos são interditados em nome da civilização, mas esses desejos se fazem presentes na vida de cada ser humano, mesmo que eles nunca sejam realizados. É óbvio que existem interdições que afetam a civilização como um todo e outras, apenas, a determinados grupos ou pessoas. Freud (1974a) destaca "o canibalismo, o incesto e ânsia de matar" como desejos instintivos que são considerados ameaças à civilização.

Recentemente, ouvimos em um noticiário a descrição de um caso de canibalismo que chocou a opinião pública. Tratava de uma pessoa que procurava alguém que a matasse para depois se alimentar do cadáver, e como se não bastasse a concretização desse desejo mórbido, o indivíduo satisfez mais um desejo, comendo uma das partes do seu próprio corpo, enquanto ainda estava vivo. Também lemos, numa tese de doutorado, o depoimento de uma adolescente que relatava, de forma indignada, o estupro que sofreu do pai, o que resultou numa gravidez indesejada. Assistimos pela televisão o desfecho de um seqüestro que resultou na morte de dois jovens. Nos depoimentos, o adolescente, responsável pelo crime, disse que matou a jovem seqüestrada simplesmente porque teve vontade.

O mundo civilizado, definido como mais humanizado não pode, apenas, repudiar o canibalismo, o incesto e a ânsia de matar. É preciso que se encontrem meios para se falar desses desejos contrários à civilização. Nós não nascemos seres morais e sociais, portanto, precisamos de um processo educativo para internalizar valores que nos assegurem uma vida civilizada. Tal internalização não se adquire, apenas, com mera coerção.

Além dos desejos instintuais contra a civilização como um todo, Freud (1974a) também destaca que há incontáveis pessoas civilizadas que, apesar de se recusarem a cometer assassinato ou praticar incesto, não hesitam em prejudicar outras pessoas por meio da mentira, da fraude e da calúnia, desde que possam permanecer impunes. Tudo isso fere a dignidade moral do homem. Mais uma vez indicamos a necessidade de se escutarem os desejos como forma de se partilhar inquietações que são consideradas impedimentos para se realizar a civilização e a dignidade moral do ser humano.

Utilizando o recurso da imaginação, Freud (1974a) idealiza uma sociedade em que se possa tomar a mulher que se deseje como objeto sexual, em que também fosse possível matar um rival sem hesitação e ainda fosse possível levar consigo os pertences dos outros sem pedir licença. Dessa forma parece que teríamos uma vida repleta de satisfações, e todos estariam nas mesmas condições. Mas, ao contrário, somente uma pessoa poderia irrestritamente ser feliz. Para isso, ela deveria agir como tirano ou como um ditador, apoderando-se de todos os meios de poder. Vale salientar que esse tirano ou ditador teria todos os motivos para desejar que os outros observassem pelo menos um mandamento cultural: não matarás.

A civilização tem como destino tornar possível nossa vida em comunidade e, desse modo, ela nos defende contra um estado de natureza selvagem que não exige qualquer restrição aos desejos instintuais. Mas não podemos ter a falsa impressão de que a natureza já foi vencida. Como diz Freud (1974a), a terra que treme aniquila vidas humanas, a água sepulta vidas com suas enchentes, as tempestades destroem tudo que alcançam e as doenças levam à morte vidas antes sadias. Estamos diante do penoso enigma da morte, contra o qual nenhum remédio foi encontrado e provavelmente nunca o será. Somos todos frágeis diante da implacável natureza indomada. O indivíduo busca uma forma de se defender contra as hostilidades da civilização e, ao mesmo tempo, da natureza.

Segundo Freud (1974a), contra os perigos da natureza e os danos ameaçadores da própria sociedade humana, criou-se um cabedal de idéias religiosas. Essas idéias servem para tornar tolerável o desamparo humano. Elas passaram por um longo período de desenvolvimento, e diferentes civilizações a elas aderiam em diferentes fases da história da humanidade. As idéias religiosas, no sentido mais amplo, são prezadas como o bem mais precioso dos homens civilizados. A vida nesse mundo serve a um propósito mais elevado que seria de ordem espiritual. Contra o corpo temos a alma que deve ser objeto de elevação e exaltação. É nesse sentido que a morte não é mais considerada uma extinção, mas o começo de um novo tipo de existência.

Não é somente a educação moral, fundada em princípios racionais, que serve para humanizar os homens. Temos também a religião como elemento indispensável para humanizar os homens. Talvez dessa forma possamos estabelecer argumentos para defender o ensino religioso nas escolas.

Freud (1974a) situa a origem das idéias religiosas na necessidade do homem se defender contra as forças esmagadoras da natureza. O conjunto das idéias religiosas é uma herança desenvolvida por muitas gerações. Esse conjunto até pode ser considerado como uma revelação puramente divina. Mas para Freud, tal perspectiva faz parte do sistema religioso que acaba ignorando o desenvolvimento histórico das idéias religiosas e suas diferenças em épocas e civilizações. É claro que o pai da psicanálise pretende defender uma tese sobre a gênese psíquica das idéias religiosas. Não é nosso interesse aqui aceitá-la ou rejeitá-la. O que nos interessa aqui é a religião como forma de se conquistar um aperfeiçoamento moral da humanidade.

Defendemos que a educação seja libertada do ensino religioso numa perspectiva doutrinária. Não pregamos o ensino religioso na escola como questão de grade curricular, indispensável para a formação espiritual do homem. Pensamos que a religião deve ser discutida na escola. Assim como se deve dar ouvidos aos desejos, também se deve falar sobre os questionamentos religiosos. Não estamos falando de um ensino religioso voltado para a convicção. O que queremos evocar aqui é a necessidade de se falar do desejo de se relacionar com o sobrenatural. Em outras palavras, pensar a religiosidade humana a partir do desejo. É claro que uma discussão aberta e sem preconceitos coloca em questão a própria autenticidade dos ensinamentos religiosos. Todavia, o interesse das nossas reflexões não é de fortalecer as doutrinas religiosas, pregadas como algo inquestionável, mas destacar a importância do relacionamento, constantemente renovado, do homem com o divino que possibilita um aperfeiçoamento da humanidade.

A escola precisa dar uma devida atenção ao sofrimento humano. Homens que desejam necessitam de uma educação fundada num livre pensar que permita o diálogo franco e aberto de suas inquietações. A escola não é um mero espaço de transmissão de legados ancestrais instituídos pela tradição. Nossa tarefa essencial, como educadores, não se reduz à demonstração de verdades para além de qualquer dúvida. Uma ordem moral mais abrangente não deve ser apenas fruto de uma visão única que se institui como uma solução universal, segundo certa orientação espiritual.

Não podemos deixar de destacar que para Freud (1974a) as idéias religiosas não passam de ilusões. É renunciando à ilusão das idéias religiosas, que o homem será capaz de fazer tolerável sua existência na terra. Mas ilusão, para Freud, não quer dizer erro. Uma idéia não precisa ser necessariamente falsa ou carregada de contradições em relação à realidade. Aristóteles acreditava que os insetos se desenvolviam do esterco, entretanto, podemos afirmar que tal crença era um erro, visto que contradiz a realidade. O que Freud (1974a) chama de crença numa ilusão é quando a realização de um desejo constitui fator proeminente em sua motivação, independente da realidade. O que é característico das ilusões é o fato de se derivarem de desejos que desprezam suas relações com a realidade. É por essa razão que todas as doutrinas religiosas são fantasiosas à medida que manifestam desejos insuscetíveis de prova. A religião torna-se uma ilusão porque aquilo que não conseguimos efetivar, como homens limitados ao mundo, pensamos que seja possível realizar em outro lugar. Em outros termos, desejamos a eternidade, mas como não é possível obtê-la neste mundo, apelamos para uma realidade transcendental.

Freud (1974a) reconhece que existem muitas questões que a ciência atualmente não pode responder. Há confiança por parte dele na ciência, considerando que o trabalho científico é o único caminho que pode nos levar ao conhecimento externo a nós mesmos. Aquilo que podemos aprender, com convicção, sobre a realidade externa é fruto do emprego da observação e do raciocínio desenvolvidos pelo trabalho científico. Para Freud (1974a, p. 68), "a longo prazo, nada pode resistir à razão e à experiência". Todavia, quando afirmamos a existência de um Deus que criou um mundo, uma Providência benevolente, uma ordem moral no universo e uma vida posterior à morte, estamos expressando desejos. O mais importante de tudo isso é o fato de que todas essas afirmações são desejos. Elas são determinantes em nossas relações humanas enquanto seres que desejam.

Se não podemos provar que as doutrinas das religiões são verdadeiras, também não podemos provar que são falsas. A religião desempenha um papel fundamental para aqueles que buscam suportar o peso da vida. As experiências de ordem sobrenatural não podem ser tratadas como questões objetivas, examinadas de forma fria e imparcial pela ciência. Apesar de tais considerações, Freud insiste em afirmar que as doutrinas religiosas são ilusões porque manifestam desejos que não podem ser submetidos a uma demonstração evidente. A existência de Deus e, conseqüentemente, a possibilidade de uma moral universal para a humanidade, baseadas em princípios religiosos, são proposições capazes de serem tidas como falsas ou verdadeiras.

Podemos aceitar ou recusar a posição adotada por Freud em relação à religião, mas não há como negar que o criador da psicanálise tem razão quando considera que a religião tem um significado situado na ordem do desejo. Nesse sentido, a religião teve uma grande importância para a civilização, mas não foi suficiente, pois como veículo de civilização, não conseguiu eliminar os insatisfeitos e infelizes. Muitas vezes, a religião não passa de um jugo do qual gostaríamos de nos libertar.

Freud é consciente da necessidade de regras de conduta para a vida em comunidade, mas ele não pensa que estas regras devam ter seu fundamento na religião. É possível fundar, em explicações racionais, o mandamento de que o homem não deve matar o próximo a quem odeia. A proibição do homicídio é uma interdição necessária, fruto da razão humana sem o fundamento da revelação divina. Se admitirmos uma origem puramente humana de todas as regulamentações e preceitos da civilização, Deus passa a ser desnecessário. Logo, os mandamentos perderiam sua rigidez e imutabilidade. Pensando assim, Freud considera que os homens podem concluir que as leis não são elaboradas para dominá-los, mas, ao contrário, para servi-los conforme seus interesses. Com isso, espera-se uma reconciliação entre os homens que caracteriza a civilização. Isso é o que declara o pai da psicanálise.

Freud (1974a) reconhece que motivos puramente racionais pouco podem fazer contra impulsos desgovernados. É a partir dessa compreensão que ele admite a necessidade da figura de um pai que interdite o homicídio. É esse pai primitivo que constituiu a imagem original de Deus. Somente dessa maneira, Deus desempenhou um papel na gênese da proibição do homicídio. Nas idéias religiosas incluem-se, não apenas realizações de desejos, mas também reminiscências históricas. Em busca de um passado longínquo, Freud (1974a, p. 57) conclui que a "religião seria a neurose obsessiva universal da humanidade". Com essa afirmação Freud propõe reforçar sua tese de que a religião tem origem psicológica.

Não queremos aqui discutir sobre a pertinência ou não da tese que define a religião como neurose coletiva. O que nos interessa é reforçar a idéia da presença de um desejo pelo divino. Esse desejo talvez seja a expressão viva da permanência da religião em nossos tempos. Cantando: *"Eu quero é Deus, não importa o que vão pensar de mim"*, alguns crentes buscam uma relação íntima com Deus. O crente fiel jamais permitirá que lhe arranquem sua fé, quer por proibições impostas, quer por argumentos racionais.

Pensando na escola, podemos afirmar que os educadores podem até exigir que seus alunos deixem de lado os desejos pessoais para se submeterem às regras gerais da escola, considerando que todo homem que vive em sociedade necessita agir por dever. Mas eles não podem considerar que essa exigência seja tomada apenas com objetivo normalizador. Ensinar valores e fazer com que os alunos adotem atitudes consideradas corretas representa, apenas, uma atitude de doutrinamento. O modelo de doutrinação pode aqui ser fundado, tanto em princípios revelados por orientações religiosas, como em princípios estabelecidos pela própria razão humana, o que não vem ao caso. O educador precisa adotar uma postura que leve em conta os desejos dos seus alunos. Tal postura está muito mais em sintonia com a nossa condição humana, do que com a mera exigência moralista da educação. Agindo assim, o educador estaria apenas zelando pela preservação da sociedade, sem levar em consideração o sujeito que deseja. Dando ouvido aos desejos, pensamos que os educadores estarão contribuindo com o caráter cosmopolita da educação, que é contribuir com o aperfeiçoamento da humanidade.

> De que vale educar se não acreditamos que nossos esforços serviram para contribuir com o aperfeiçoamento da humanidade. Com isto não queremos pregar um idealismo sectário e inflexível, fundado numa convicção inquestionável que desconsidera os múltiplos olhares históricos sobre o processo educativo. Assim, o esforço continuado de educar não pode ser uma mera modelagem dos indivíduos seguindo padrões preestabelecidos (CAMINHA, 2003, p. 17).

Não estamos defendendo um modelo de educação que não se ocupe da formação moral do ser humano. Até porque concordamos com Kant quando considera que é somente através da formação moral que a educação atinge seu fim último. Todavia, consideramos que essa formação moral não deve ser pautada numa imposição de valores sem a devida legitimidade por parte dos alunos. Um aluno não pode conviver bem com seus colegas, se ele não encontra um sentido para as regras de condutas morais de sua sociedade. Supomos que a construção desse modelo exige um paralelo entre nossa vida afetiva e as exigências morais da sociedade. Mas isso não significa que queremos ver a psicologia ocupando o lugar da pedagogia na escola. Nossa intenção é mostrar que o comportamento de obediência à civilização possui uma base afetiva.

Fazer da escola um espaço de escuta dos diferentes desejos exige uma reflexão sobre a razão dessa escuta. Acreditamos que a psicanálise pode oferecer uma contribuição extremamente importante para essa reflexão. Freud nos alerta que é uma ilusão acharmos que tudo aquilo que desejamos está sobre o controle de nossa consciência. Ele fala de um poder psíquico que atua sobre nossa consciência sem que nós tenhamos um conhecimento claro e distinto. A esse poder ele denominou de inconsciente. Nós temos condicionamentos psíquicos inconscientes que determinam o nosso agir.

Apesar de termos explicitamente preocupações morais com relação à educação, não estamos propondo o casamento da educação com a psicanálise do mesmo modo que pensava Oskar Pfister. A psicanálise desse pastor protestante suíço visava ter acesso às forças psíquicas inconscientes, para em seguida submetê-las à vontade guiada por valores morais. Em outras palavras, "tratava-se de usar a Psicanálise para conduzir as forças inconscientes ao caminho do bem, sendo este definido nos termos da religião que professava" (KUPFER, 1989, p. 67). O educador é aqui considerado como sendo, ao mesmo tempo, analista e perseguidor de um fim moral para a educação.

Afinal, qual seria o sentido de uma escuta analítica dos desejos com fins pedagógicos se não for para submetê-los às orientações morais consideradas socialmente aceitáveis? Se a pedagogia conduz necessariamente os seres humanos para um fim moral, qual o sentido de se dispor a escutar desejos inconscientes? E, sobretudo, como é possível ter acesso aos desejos inconscientes, quando sabemos que o material manifesto desses desejos guarda sempre elementos silenciados? Pensamos que a escola até pode desempenhar o papel de formar pessoas segundo determinados princípios morais e religiosos. Mas, por outro lado, essa mesma escola não pode esquecer que tais princípios exigem um reconhecimento por parte daquele que age. Caso contrário, eles não têm sentido para o sujeito da ação.

Para Kupfer (1999), o problema não está em desejar uma direção moral para a educação, posição com que concordamos plenamente. A questão, segundo a autora, está em desejar ouvir a manifestação livre do inconsciente, para em seguida reprimi-lo moralmente. Decorre dessa observação a seguinte pergunta: que tratamentos pedagógicos deveriam dar à escuta psicanalítica? Se é que podemos falar de escuta psicanalítica na escola. É a partir dessa questão que destacamos nossa opinião particular sobre a relação da psicanálise com a educação. Na verdade, o que procuramos defender aqui é recorrer à visão antropológica da psicanálise para compreender nossos alunos. Pensamos que, para a psicanálise, o homem é essencialmente um ser que deseja. É essa noção que nos interessa aqui. Ela pode ser determinante no estabelecimento de uma postura pedagógica que se dispõe a escutar o outro.

Evidentemente, não queremos aqui defender a idéia de que o ser humano governe o seu agir exclusivamente pelos seus desejos. Dessa maneira, estaríamos privilegiando a satisfação dos desejos em detrimento da realização de ações morais guiadas por princípios religiosos ou racionais. Não estamos fazendo uma apologia à natureza instintual do homem. Aliás, o ser humano só é livre porque pode não fazer aquilo que ele quer fazer.

Nós, educadores, não podemos considerar apenas o ser humano como aquele que sente, pensa, julga e age, mas também aquele que sobretudo deseja. O homem está sempre desejando algo que não possui. Ele está sempre em busca do ausente. A partir dessa perspectiva, indicamos a necessidade de se adotar uma postura psicanalítica capaz de contribuir com nossa prática educativa sem, no entanto, propor fazer da escola um espaço clínico de tratamento psicanalítico. Em outras palavras, reconhecer a possibilidade do educador beneficiar-se do saber psicanalítico, sem transportar o gabinete psicanalítico para dentro da escola, é o que estamos propondo. Estar atento ao sofrimento do outro com intuito de ajudá-lo, sem adotar padrões preestabelecidos de diagnóstico e de tratamento, é o que estamos sugerindo. Talvez com essa orientação estejamos fazendo um apelo para que os educadores passem a assumir sua vocação primeira que é de cuidar, antes mesmo de disciplinar, instruir e formar moralmente seres humanos.

Por fim, cautelosamente, propomos que escutemos os desejos de nossos alunos. Pensamos que as inúmeras audiências, concedidas à voz dos desejos, não sejam usadas para fazer um levantamento dos desejos que devem ser aceitos ou reprimidos em função da vida comunitária. Esperamos que, com essa escuta, possamos aprender juntos a arte de conviver, partilhando nossos limites. "Estar com" é a nossa condição existencial primeira de que não se pode fugir nem negar. Mesmo que alguns de nossos desejos possam representar um risco para a civilização, devemos falar deles ao invés de escamoteá-los. Talvez com isso sejamos mais dignos de ser humano e possamos descobrir os caminhos que levem a uma possível conciliação entre dever e desejo e, desta forma aproximar psicanálise e educação.

Referências bibliográficas

CAMINHA, Iraquitan de Oliveira. Educar o homem ou o cidadão? In: CAMINHA, Iraquitan de Oliveira e AQUINO, Miriam de Albuquerque. *Cantoria de pardais: Educação, Cultura e Informação*. João Pessoa: Editora Universitária, 2003.

CANIVEZ Patrice. *Educar o cidadão? Ensaios e textos.* Campinas: Papirus, 1991.

FREUD, Sigmund. O futuro de uma ilusão. In: *Edição Standard Brasileira das Obras Psicológicas Completas de S. Freud (ESB).* Rio de Janeiro: Imago, 1974-a. Volume XXI.

_____. O mal-estar na civilização. In: *ESB.* Rio de Janeiro: Imago, 1974-b. Volume XXI.

KANT, Immanuel. *Sobre a pedagogia.* Trad.: Francisco Cock Fontanella. São Paulo: Unimep, 1999.

KOESTLER, Arthur. *Le zéro et l'"infini.* Trad.: Jérôme Jenatton. Paris: Calmann-Lévy, 1976.

KUPFER, Maria Cristina. *Freud e a educação: o mestre do impossível.* São Paulo: Scipione, 1989.

UMA TAREFA (IM)POSSÍVEL: A FORMAÇÃO DOS VALORES FACE À VIOLÊNCIA NA ESCOLA

Fernando Cézar Bezerra de Andrade[29]

> *Vamos tornar claro para nós mesmos qual a tarefa primeira da educação. A criança deve aprender a controlar suas pulsões. É impossível conceder-lhe liberdade de pôr em prática todos os seus impulsos sem restrição.*
>
> Freud, 1932-b[30], p. 182

> *Quase parece como se a análise fosse a terceira daquelas profissões "impossíveis" quanto às quais de antemão se pode estar seguro de chegar a resultados insatisfatórios. As outras duas, conhecidas há muito mais tempo, são a educação e o governo.*
>
> Freud, 1937, p. 282

As sete décadas que nos separam das epígrafes, *mutatis mutandis*, não nos distanciam tanto da questão com que se defrontou Freud no século passado. Ao deparar-se com um paradoxo próprio ao ideário educacional moderno " controlar pela disciplina a fim de libertar pela autonomia (CAMBI, 1999), ele assumiu claramente a opção pelo que considerava a tendência inerente ao projeto civilizador: o controle da natureza para que, a partir daí, surja a

---

[29] Psicólogo, com bacharelado e licenciatura em filosofia e letras (UFPB). Especialista em Teoria Psicanalítica (UFPB). Mestre e doutorando em Educação (UFPB). Professor assistente do Departamento de Fundamentação da Educação da UFPB. Membro do NEPPE.

[30] As datas relativas aos textos de Freud neste artigo destacam sua primeira publicação em alemão. As referências e citações, entretanto, são extraídas da primeira edição da coleção que reúne a tradução da obra completa para o português: a relação dos textos de Freud na bibliografia contempla as duas datas.

cultura. Opção clássica, sem dúvida, mas nada ingênua, já que revisitada pela inteligência de quem sabia estar o projeto moderno de subjetividade, fundado na racionalidade que atravessou a história ocidental, descentrado pela descoberta do inconsciente e de sua influência sobre os processos psíquicos e sociais, sobre a cultura e, nela, a educação.

A partir de Freud, as relações entre indivíduo e sociedade são pensadas em termos de uma tensão permanente provocada por desejos individuais conflitantes, tendo como entorno as exigências coletivas que também imprimem limites ao material pulsional. Essa tensão, na mesma medida em que gera conflitos, é igualmente constitutiva do humano, ganhando expressão na cultura, já que no cerne do desejo reside a alteridade: na inter-relação com os outros humanos encontram-se a origem e o objeto dos desejos. E se nas relações sociais os outros são coisificados em função da busca dum gozo pela auto-suficiência, à revelia dos valores que medeiam a convivência humana, ocorrem a manipulação perversa e a violência no intersubjetivo.

O fundador da psicanálise atribuiu à educação – para a qual ele afirmou ter pouco contribuído, por conta da natureza incontrolável e imprevisível do inconsciente – uma parcela considerável no processo de subjetivação: paralelamente à inconsciente circulação dos desejos, a educação é responsável pela constituição da sociabilidade e da identidade, oferecendo objetos culturalmente valorizados e, muitos deles, veiculados hoje através da escola. As artes, as ciências, os esportes, a filosofia, os valores morais (e, para a imensa maioria, as crenças religiosas) servem como suportes para processos psíquicos fundamentais, como o recalque, a sublimação e a identificação.

Por isso, ele conferiu à tarefa educativa dois adjetivos significativos: "impossível" e "primeira". Como governar e psicanalisar, educar constitui-se numa atividade inacabável, "de resultados insatisfatórios", com seus projetos sujeitos a constantes revisões, quando não ao fracasso. Ao mesmo tempo, é primeira, não só pela cronologia, mas certamente por seu caráter fundador, pois é a educação a responsável pela humanização durante o processo de socialização: nele, a constituição de limites inerente à inserção cultural é um dos aspectos distintivos.

Não obstante a prudência de Freud com que ele se avaliou a respeito das contribuições para a educação, sua teoria deixou marcas significativas no universo pedagógico, por lançar as bases de uma reflexão que até hoje alimenta novos trabalhos, produzidos por aqueles que, amparados em seu pensamento, buscam entender o campo educacional, intervindo em suas mais diversas frentes. Exemplos disso são a teoria sobre as pulsões, contribuindo para explicar o surgimento da curiosidade e do interesse pelo conhecimento graças à intervenção do recalque e da sublimação (1913, 1930)[31]; a teoria da transferência, que contribui significativamente para o entendimento da relação de ensino-aprendizagem na escola (1914)[32]; e a teoria da sexualidade (1905), referencial para a orientação sexual na escola[33].

Como se vê, o terreno fértil da educação fez gerar estudos amparados pelas mais diversas áreas do saber, inclusive a psicanálise. Uma das maiores características do fenômeno educacional é precisamente ser multiface, demandando muitos olhares que, mesmo teórica e metodologicamente diferentes, se enriquecem mutuamente, como muitas vezes é o caso das perspectivas da filosofia, da psicologia e da psicanálise. Duas temáticas que fazem convergir estudos dessas áreas do conhecimento, interessados nos fundamentos e limites da educação, são a gênese da moralidade e a violência.

Este artigo propõe-se, então, a apresentar algumas das reflexões teóricas acerca da formação moral e da violência na escola que, no contexto da interdisciplinaridade apontada, a Psicanálise permite desenvolver. Tais reflexões buscam responder à pergunta: quais processos inconscientes estão imbricados nas problemáticas da formação moral e da violência na escola? Na primeira parte deste artigo, elas afirmam que a moralidade está fundamentada em uma

---
[31] Ver também Neves (1977) e Laplanche (1989).
[32] A esse respeito, ver também Kupfer (1989) e Silva (1994), entre outros.
[33] Ver, por exemplo, Cabral (1995).

dinâmica pulsional e é estruturada por meio das relações de identificação com os ideais parentais. Na segunda parte, o estranhamento e o narcisismo são indicados como processos que contribuem para a explicação da violência. Na terceira parte, essa interpretação da violência é aplicada às situações de violência que perpassam a escola – definida como espaço intermediário. Na conclusão, ressalta-se que a alteridade, no contexto da intersubjetividade, constitui o espectro que reúne, em extremos opostos, a moralidade e a violência na escola, para cuja contenção se afirma, ao final, a importância da constituição e da manutenção do olhar de educadores e educadoras como modelo para a formação de valores éticos e pacíficos na escola.

A formação dos valores...

Psicólogos do desenvolvimento elaboraram modelos que, em síntese, afirmam a construção do juízo moral num processo razoavelmente lento de estruturas cognitivas que funcionam em conjunto, que se transformam numa sucessão caracterizada pela universalidade, hierarquia e invariância (PIAGET, 1977; KOHLBERG, 1976). Da infância à adolescência e desta à vida adulta, segundo esses teóricos, segue-se do mais particular e pessoal, do mais ligado às próprias experiências e desejos, até alcançar o mais coletivo e universal, em paralelo à aquisição crescente da capacidade de abstração.

Piaget investigou o desenvolvimento do juízo moral, afirmando que, considerando-se a condição inicial de anomia, a moralidade nasce de experiências de interação social e acompanha a progressão do pensamento, em duas etapas básicas: a heteronomia e a autonomia. Na primeira, o critério moral é a conformidade às regras e à autoridade externa dos adultos; na segunda, o critério moral é o acordo mútuo, o contrato social, analisável sob uma perspectiva relativista. Kohlberg, por sua vez, ampliou e aprofundou os estudos piagetianos, ao insistir na consonância entre o desenvolvimento do raciocínio cognitivo e o do raciocínio moral, e ao afirmar que a evolução moral segue três níveis (pré-convencional, convencional e pós-convencional) que abrangem inclusive a vida adulta, a partir de desequilíbrios e reequilibrações cognitivas, de exposição a níveis de juízo moral superiores, bem como da influência social direta, obtida quando da experiência com dilemas morais reais e da convivência segundo o modelo, por ele desenvolvido, da "comunidade justa"[34].

Contudo, psicólogos que vêm desenvolvendo as pesquisas mais recentes nesse universo reconhecem que a tese cognitivista não consegue explicar o hiato entre juízos e comportamentos morais, na medida em que o desenvolvimento do raciocínio moral é condição necessária, mas não suficiente para um satisfatório desenvolvimento da moralidade como um todo (LA TAILLE, 1992), pois a moralidade não se reduz à consciência, mas inclui atitudes, motivações afetivas e comportamentos (COLL; PALACIOS; MARCHESI, 1995). La Taille lembra que Piaget superestima o racional e a ele submete o afetivo: "No campo moral, por conseguinte, *o afeto dobrar-se-ia aos ditames da Razão.* Ou melhor, evoluiria de certa forma *dirigido* pela razão, uma vez que Piaget nos mostra um ser autônomo e feliz, e não um indivíduo reprimido" (1992, p. 72, destaques do autor). Coll, Palacios e Marchesi incluem Kohlberg nessa crítica, na medida em que tanto ele quanto Piaget limitam-se "ao raciocínio moral e permanecem extremamente formais, correspondendo a uma ética filosófica formalista, como a do imperativo categórico de Kant" (1995, p. 305).

Para dar conta desse hiato, La Taille (1996, 2002) desenvolveu, a partir da teoria da personalidade moral, a tese segundo a qual é a correlação entre os valores morais e éticos de uma sociedade e os sentimentos e virtudes ligados às representações do eu (em particular a vergonha e a honra) que permite motivar ações moral e eticamente válidas. A vergonha e a honra estão diretamente ligadas à internaliza-

---

[34] Para a pormenorizada descrição da teoria kohlbergiana e das estratégias educativas que inspirou, remete-se o leitor/ a leitora aos estudos de Freitag (1997), Araújo (1999), Caminho e Luna (2001), assim como do próprio Kohlberg (1976).

ção do olhar do outro, que julga fracassos, imperfeições, inadequações e fraquezas identificadas no sujeito envergonhado. Se estiver associada a valores e regras morais, a vergonha torna-se um sentimento capaz de fazer corresponderem pensamento e ações. Assim, se os valores morais e éticos são integrados à auto-imagem (o Eu, pensado pela teoria da personalidade moral como constituído por valores), a vergonha (provocada pela capacidade de julgar-se moralmente) e a honra (como capacidade de reconhecer-se enquanto sujeito moral) serão fortes motivadores para ação moralmente correta e estarão, necessariamente, presentes como importantes traços indicadores da autonomia. Desse modo, La Taille oferece um lugar de mais destaque ao afetivo no processo do desenvolvimento moral, sem, com isso, abandonar o terreno teórico piagetiano – no que é seguido por Araújo (1999) e Vinha (2000).

Ora, a Psicanálise também tem algo a dizer, tanto sobre esse problema quanto sobre a solução que lhe é apresentada[35]. Como a teoria freudiana considera o surgimento da moral? Freud (1908, 1921, 1927, 1932-a) postulou que o ingresso na cultura, simultâneo à constituição de uma subjetividade, exige a contenção pulsional. Ora, na obra freudiana, é possível encontrar tanto uma concepção de ser humano forjada conforme preceitos iluministas – expressa em sua apreciação da relativa autonomia face ao pulsional, conferida ao indivíduo pela cultura e nela, particularmente, pela ciência; quanto, por outro lado, uma crítica à autonomia desse sujeito moderno, decorrente da constatação das divisões do aparelho psíquico e das determinações do inconsciente[36]. Nessa dupla apreciação inclui-se

---

[35] Assim como reconhece o próprio La Taille (1992, 1996).
[36] Essa contraposição dá-se graças à natureza mesma do texto freudiano, cujo percurso reflete, à maneira do método psicanalítico, as oscilações do inconsciente (LAPLANCHE, 1988 e 1995). Monzani (1989) identifica essas oscilações como pendulações espiraladas: a metapsicologia desenvolve-se em torno de seu "ponto fixo", o inconsciente, que se manifesta e se esconde, muitas vezes ao mesmo tempo (como no sonho). Quanto ao determinismo, Mezan (1982) lembra que as idéias do fisiologista Helmholtz – ligado ao neokantismo alemão e defensor da interpretação psicofisiológica do sujeito transcendental, num mecanicismo absoluto de caráter naturalista – consistiram "o subsolo filosófico em que (Freud) enraíza suas investigações" (p. XIII).

seu entendimento da moral: ora ela é tratada como um empecilho à saúde psíquica (1908), ora é vista como necessária à constituição desse mesmo equilíbrio mental (1932-b). Essa diferença, todavia, mede-se em razão do grau de supressão pulsional (logo, sexual) exigido pela cultura, não pondo em questão a supressão em si mesma, em princípio necessária. Tal necessidade da moral parecia óbvia a Freud, como decorrência do processo evolutivo por que entendia ter passado à espécie, repetido no curso do desenvolvimento individual pela criança:

> Acha-se em consonância com o curso do desenvolvimento humano que a coerção externa se torne gradativamente internalizada, pois um agente mental especial, o superego do homem, a assume e a inclui entre seus mandamentos. Toda criança nos apresenta esse processo de transformação; é só por esse meio que ela se torna um ser moral e social. Esse fortalecimento do superego constitui uma vantagem cultural muito preciosa no campo psicológico. Aqueles em que se realizou são transformados de opositores em veículos da civilização. Quanto maior é o seu número numa unidade cultural, mais segura é a sua altura e mais ela pode passar sem medidas externas de coerção (1927, p. 22).

A moral, para cada indivíduo, é resultado de uma complexa rede em que pesam o recalque e a sublimação dos impulsos em favor da internalização das normas culturais e dos valores morais através, particularmente, da ação da instância superegóica, que surge a partir do complexo de Édipo (1923, 1924, 1932-a).

As identificações com os modelos parentais, resultantes desse complexo, podem fundamentar tanto a culpa quanto a vergonha, e no caso desta última, o olhar do outro é especialmente importante como juiz do sujeito envergonhado. A vergonha, de um modo diferente da culpa, pode denunciar ao sujeito envergonhado sua posição diante dos ideais construídos nas relações amorosas com os adultos e funcionar como interdição. E quando nos lembramos que, ao lado dessa interdição e mesmo antes dela, o olhar materno já é sedutor e exige a satisfação de ideais como garantia do amor (KEHL, 1988), percebemos ser o mesmo sentimento de vergonha que permite dizer, simultânea, contraditória e dialeticamente: "como você é bonito!" E: "como você é feio!"...

Se Cognitivismo e Psicanálise aproximam-se quando consideram o valor interditor da vergonha para a educação moral, a psicanálise adverte, entretanto, que esse olhar não é uniforme e que na base de uma educação moral permanece o conflito. As forças inconscientes, que atuam sobre o processo de socialização vivido por cada criança e adolescente, interferem decisivamente para que se estabeleçam regras, costumes, mas com seu movimento de uma dialética (sempre incompleta) entre o desejo e a possibilidade. Essa dialética resulta num permanente estado de tensão, que não encontra solução definitiva.

Portanto, se a teorização cognitivista coloca o processo de equilibração como o motor que promove a evolução moral, é preciso reconhecer que, nessa perspectiva, o equilíbrio é sempre a meta final. A Psicanálise, por sua vez, destaca o conflito, para extrair dele a compreensão de que qualquer equilíbrio será sempre instável, provisório, sucedido por novos conflitos; de que o conflito, inerente a nosso psiquismo, faz parte da condição humana, só provisoriamente superado por qualquer equilíbrio: eis um dos componentes do que Freud chamou por mal-estar na cultura (1930).

Que conseqüências é possível extrair, já, para o debate acerca da distância entre o juízo e o comportamento moral? Em primeiro lugar, a vergonha, esse sentimento que pode, associado aos valores morais, preencher o hiato entre pensar e agir morais, não é uniforme, mas contraditória. Nela, há um conflito cujo cenário é, em sua maior parte, inconsciente, e que se define por elementos afetivos, mas principalmente pulsionais.

Por conseqüência, é necessário pensar nas pulsões e no efeito que estas produzem no conflito com o ego, em particular nas emoções que causam desprazer, como é o caso da angústia. Nunca é demais lembrar que foi pensando nessa angústia, por princípio iniludível, que Freud chegou a conceber, além da pulsão de morte, o próprio superego (1932a). A Psicanálise adverte-nos, deste modo, que há um nível de contradições que nunca poderá ser superado pela melhor (e mais coerente!) das moralidades. Mas não é tudo: há que se reconhecer que esse conflito também produz efeitos positivos. Pois é igualmente essa distância entre pensar e agir que dá brechas à sublimação, à permanente orientação do pulsional para as finalidades socialmente valiosas. A sublimação continua sendo uma possibilidade que explica as soluções felizes (ainda que provisórias) para o impasse, na medida em que, naturalmente, o desenvolvimento moral é mais favorecido quando os adultos, na família e na escola, fornecem modelos e ideais morais coerentes e exeqüíveis (COLL; PALACIOS; MARCHESI, 1995). Desta forma, os adultos, no exercício da atividade educacional, devem assegurar, com seu próprio comportamento e suas atitudes, a promessa de que é não só necessário, mas, sobretudo, que é possível e desejável buscar o bem, em pensamentos e ações que, no final, incluam o social[37].

Quando se pensa que Freud, na *Conferência XXXIV*, refere-se à formação das atitudes, sentimentos e comportamentos morais, torna-se fácil associar esse ponto ótimo à noção aristotélica de virtude. Essa noção de um equilíbrio entre os impulsos e os valores morais de uma sociedade, segundo uma razão que age em função das possibilidades reais, inspira-se no modelo moral aristotélico. E quando se recorda que, segundo Aristóteles (1979), a virtude implicava na justa medida, no meio termo entre valores morais, razão e ações humanas, conferindo à *psyché* o equilíbrio das paixões frente às exigências sociais, percebemos melhor a proposta freudiana. Para Freud, não pode dar-se um desenvolvimento moral sem que se

---

[37] Freud (1908), num momento em que acreditava na possibilidade de uma profilaxia, já defendia uma educação que reconhecesse a determinação do pulsional sobre o comportamento e a moralidade — que favorecesse aquele equilíbrio instável já referido. Mesmo em uma etapa de sua obra em que se atribui a Freud um pessimismo moral, ele defende que a principal medida deve ser "descobrir um ponto ótimo que possibilite à educação atingir o máximo com o mínimo de dano" (1932b, p. 182).

considerem, a uma só vez, a realidade das paixões e a permanente possibilidade de um equilíbrio instável entre elas e a razão, para que mesmo o dever e seus problemas possam tornar-se, em certa medida, apaixonantes sem que sejam, necessariamente, opressivos.

Por isso, no início deste artigo, entendemos ser clássica a opção freudiana pelos limites. Freud pode ser visto, assim, como um autor que se aproxima da perspectiva grega, particularmente a aristotélica e a epicurista, no que diz respeito à necessidade de uma educação moral baseada no equilíbrio entre tendências opostas: uma razão que, enraizada na paixão, dela se vale para a formação da virtude (que consiste em controlar os impulsos e livremente buscar alcançar os valores sociais). Todavia, nos moldes da *Wissenshaft* da época, a posição freudiana – pela qual "a criança deve aprender a controlar suas pulsões" (ibid.) – evita a especulação filosófica e não problematiza os valores morais (ROAZEN, 1973; GABRIEL, 1988; ASSOUN, 1990). Antes, considera-os dados, já que faz da moralidade uma extensão da cultura, um corolário da sociabilidade humana: nela "se notifica uma 'ordem' na qual o sujeito é apanhado numa antecedência irrecusável" (ASSOUN, 1990, p. 210), ordem essa de caráter histórico, cujos fundamentos encontram-se na sexualidade (MEZAN, 1985). O que importa, para Freud, é ressaltar que, "entre o Sila da não-interferência e o Caríbdis da frustração" (1932b, p. 182), entre a liberdade e o controle, não há civilização sem sexualidade, não há moralidade sem desejos: daí ser básico valorizar o pulsional e o passional, integrando paixão à razão numa relação em que uma não dispensa a outra. "A cultura já não é a inimiga do prazer e da verdade, mas a comunidade em que os reclamos de Eros e Logos podem encontrar sua realização final" (GABRIEL, 1988, p. 129).

Nesse sentido, o desenvolvimento moral será favorecido quando os educadores (e em particular os profissionais da escola) aliarem paixão a dever, pois, como sugere Freud, essas instâncias não são completamente antitéticas nem excludentes entre si. Não se age bem sem que antes surja o desejo de ser reconhecido pelo olhar do outro.

E aqui é necessário chamar a atenção para os efeitos do olhar parental, inicialmente, e do olhar de outros adultos com que gradualmente os pais vão dividindo importância ao longo da formação psíquica – educadores e educadoras entre eles. A psicanálise é única quando analisa as vicissitudes do olhar parental como modelador da moralidade. Ela atenta para o fato de que são os adultos os responsáveis pela formação psíquica inconsciente das novas gerações, na medida em que cabe inicialmente a eles estabelecer a ligação entre valores morais e vergonha. Essa ligação necessita de modelos que sirvam para as identificações infantis, modelos esses dados pelos mais velhos – pelos adultos, particularmente.

É preciso admitir então que, nas questões morais, a paixão está sempre implicada como substrato afetivo das identificações. Logo, ela não é secundária: no curso de seu desenvolvimento, crianças e adolescentes podem tanto crescer com o desejo de serem bons (e, nesse sentido, responsáveis, justos, respeitosos) quanto com a convicção perversa de que a lei, por ser uma convenção, pode ser dispensada ou mudada ao sabor das conveniências pessoais, sem respeito para com os interesses dos outros. Sem esse desejo pelo olhar estruturante do outro que porta consigo valores, não é possível, em última instância, constituir limites. Sem o interesse pelo olhar moralmente avaliativo do outro, um adolescente, mesmo capaz de compreender e formar juízos morais bastante avançados, pode não ser capaz de crescer com vergonha e se comportar moralmente: ficam abertas as portas para o recurso, tantas vezes perverso e narcísico, da violência.

...Face à violência...

A violência é um dos fenômenos psicossociais pensados pela psicanálise desde suas origens. Numa das formulações freudianas mais conhecidas (1920), a violência é manifestação do caráter destrutivo inerente a uma parcela do pulsional, portanto atrelada à biologia da espécie[38]. Nesse sentido, para Freud, a violência, como os valores morais, é coextensiva da agressividade: se a moralidade é estabelecida pela sociedade, a violência é determinada pelos impulsos inconscientes, em particular a pulsão de morte. "É, pois, um princípio geral que os conflitos de interesses entre os homens são resolvidos pelo uso da violência. É isto o que se passa em todo o reino animal, do qual o homem não tem motivo por que se excluir" (1932c, p. 246), afirma Freud a Einstein, a propósito dos motivos da guerra. Pode-se dizer, daí, que, para Freud, violência e moralidade compõem dois extremos de um mesmo espectro de imperativos – a primeira determinada pela natureza agressiva dos impulsos, a segunda, pela coerção social. A adoção do provérbio de Plauto, consagrada por Hobbes, é paradigmática:

> ...os homens não são criaturas gentis que desejam ser amadas e que, no máximo, podem defender-se quando atacadas; pelo contrário, são criaturas entre cujos dotes instintivos deve-se levar em conta uma poderosa quota de agressividade. Em resultado disso, o seu próximo é, para eles, não apenas um ajudante potencial ou um objeto sexual, mas também alguém que os tenta a satisfazer sobre ele a sua agressividade, a explorar sua capacidade de trabalho sem compensação, utilizá-lo sexualmente sem o seu consentimento, apoderar-se de suas posses, humilhá-lo, causar-lhe sofrimento, torturá-lo e matá-lo. – *Homo homini lupus*. Quem, em face de toda sua experiência da vida e da história, terá a coragem de discutir essa asserção? (1930, p. 133)

---

[38] Aqui, novamente graças às marcas da busca por um objeto escorregadio como o inconsciente na sua escrita, Freud produziu uma obra que pode ser lida pelo menos em duas acepções – aquilo que nele está manifesto e o que nele está latente – que são, inclusive, contrárias entre si. Nela, manifestamente, a violência é atribuída à natureza, mas essa atribuição, para os intérpretes de Freud, pode resultar de uma latente naturalização do cultural, ou, na expressão de Laplanche (1997), no "desvio biologizante" por que freqüentemente seus construtos passaram – a sexualidade e, com ela as pulsões, em particular. Isso é contrabalançado, como se verá adiante, pela tendência intersubjetiva também presente em Freud.

Por outro lado, em Freud (1919) também se encontram as linhas de uma segunda leitura da violência. Analisando as relações do ego com seus objetos sob o prisma do narcisismo, ele considerou a experiência do estranhamento. Abordando essa experiência a partir da literatura, Freud (1919, p. 277) afirmou que "o estranho é aquela categoria do assustador que remete ao que é conhecido, de velho, e há muito familiar", mas que, por ser ameaçador, foi retirado da consciência pelo recalque. Parte dessa ameaça recalcada consiste no reconhecimento da fragilidade do próprio ego, cujo esforço narcísico voltou-se para a eliminação de toda evocação da dependência característica do humano ao longo da vida: durante o processo de formação psíquica, o indivíduo esforça-se por ganhar autonomia frente às limitações impostas, internamente, pelos processos inconscientes e, externamente, pela própria realidade. Ao fazê-lo, aufere um prazer suplementar e não pouco importante, o prazer derivado da fantasia de auto-suficiência.

Conseqüentemente, o próprio Freud (1921) sugeriu, com a análise da fábula schopenhaueriana[39], a importância do princípio da tolerância para com as diferenças entre os indivíduos e as culturas, de sorte que, assim como a educação é necessária para o estabelecimento no indivíduo dos limites por meio dos valores próprios à moralidade, a tolerância é indispensável para a contenção da violência.

Ora, com isso Freud permitiu que se instaurasse uma reflexão psicanalítica sobre a violência que caminha no sentido inverso a seus postulados naturalistas (COSTA, 1986 e 1991; MAIA, 1993 e 1996; MARIN, 2002). Ressaltando a natureza plástica das pulsões, essa outra leitura psicanalítica – ora mantendo a violência como fundamento estrutural (não-biológico, mas simbólico), ora entendendo-a como efeito do narcisismo em contextos psicossociais historicamente

---

[39] Conta a fábula que porcos-espinhos, buscando aquecer-se numa noite fria, aproximavam-se uns dos outros: nisso, espetavam-se e, entre grunhidos, afastavam-se até que, impelidos pelo frio, aproximavam-se novamente para buscar o calor dos corpos na manada, até descobrirem a distância ideal que os manteve quentes sem o incômodo das aguilhoadas.

constituídos e, por conseguinte, mutáveis – permitiu associar a violência à intencional escolha (de traços sádicos e narcísicos) pela crueldade em relação ao outro, com vistas à auto-suficiência. Nessa trilha, a violência é entendida segundo um prisma intersubjetivo.

A intersubjetividade não é sempre tranqüila, portanto. Da mirada psicanalítica, aliás, ela é sempre marcada pela tensão autonomia-dependência, para a qual a violência surge como uma solução de base narcísica, fomentada em especial nas sociedades ocidentais neoliberais – que têm sido reguladas pelo imediatismo, pelo individualismo e pelo hedonismo próprios a uma cultura de consumo (ENRIQUEZ; CARRETEIRO, 2003). De acordo com a lógica do mercado, define-se o cidadão por seu poder aquisitivo, reduzindo-se a cidadania, segundo Lasch (1987, p. 43), "ao exercício das preferências do consumidor". Somos convocados a não precisar dos outros, a considerar a dependência indício de fraqueza, a vivê-la geralmente como humilhação e a disfarçá-la pelo poder de compra; ao contrário, somos estimulados a associar à mercadoria um sempre transitório poder de fortalecer-nos, preencher nossas faltas, de modo que também a alteridade termina por ser coisificada.

Por conta dessa tendência a coisificar o outro, as relações intersubjetivas terminam por ser narcisicamente especulares e a alteridade tende a ser reduzida à identidade em grupos homogêneos, em que não há dissimilitudes. As diferenças rapidamente se tornam evocativas da incompletude e, por isso, são ignoradas, evitadas ou eliminadas em função da busca do igual, do mesmo, do si próprio no que Lasch denominou "cultura narcísica" – que pode ser entendida, inclusive, como uma estratégia de sobrevivência egóica: diante de uma cultura cujas imagos idealizadas são particularmente individualistas, acentuam-se em alto grau a fragilidade e a dependência atualmente vividas pelas pessoas em relação às mudanças socioeconômicas e tecnológicas. "O consumidor percebe o mundo circundante como uma espécie de extensão do seio, alternadamente gratificadora ou frustrante: reluta em conceber o mundo a não ser em conexão com suas fantasias" (LASCH, 1987, p. 25).

Destarte, nas palavras de Costa (1991, p. 120), "o *ego* narcísico só aceita um 'outro' que seja a reedição inflacionada de um traço de sua força passada ou presente, isto é, um outro idêntico". É também Costa quem destaca, nessa cultura narcísica, seu caráter violento: em sociedades que, organizadas em torno de grandes disparidades socioeconômicas (como a brasileira), acentua-se a descrença nos ideais éticos que servem como suportes coletivos da sublimação e da socialidade. Por um lado, torna-se bastante difícil alimentar ideais de solidariedade e justiça pacífica; por outro, emergem cinismo e indiferença em relação ao que é de interesse comum e de domínio público. Pior: o recurso à violência, como estratégia autoritária de transformação do outro em meio para a obtenção instantânea e egoísta de satisfação, inicia um círculo vicioso completado pela crença no direito que se atribui à vítima de retaliar violentamente, diante da freqüente impunidade do agente de violência. Essa lógica de talião subjaz no senso comum, fomentando, por exemplo, a delinqüência, por um lado, e por outro a fabricação, a posse e o uso ilegal de armas de fogo.

> Esta cultura nutre-se e é nutrida pela decadência social e pelo descrédito da justiça e da lei. Seu efeito mais imediato e mais daninho é a exclusão de representações ou imagens do Ideal do *Ego* que, contrapondo-se aos automatismos conservadores do *Ego* narcísico, possam oferecer ao sujeito a ilusão estruturante de um futuro passível de ser libidinalmente investido. Na cultura da violência, o futuro é negado ou representado como ameaça de aniquilamento ou destruição. De tal forma que a saída apresentada é a fruição imediata do presente; a submissão ao *status quo* e a oposição sistemática e metódica a qualquer projeto de mudança que implique cooperação social e negociação não violenta de interesses particulares (COSTA, 1991, p. 129-130).

Nesse panorama, o desejo de autonomia, tal como definido por Maia (1996), é posto em ação, num esforço de negação da dependência do outro. Não é difícil vislumbrar nessa aversão à alteridade e seus enigmas uma raiz da violência. O narcisismo como investimento auto-erótico termina por alimentar a perigosa ilusão de que o ego pode dispensar os objetos que – lembrando *Sampa*, de Caetano Veloso – não sejam bonitos como os espelhos. Dessa forma, o espelhamento não somente é ilusão de ótica, mas também uma defesa contra o estranhamento identificado por Freud: no espelhamento a experiência é de narcísica identificação e reconhecimento, no estranhamento é de angustiante recusa e horror de si diante do outro.

Essa auto-suficiência narcísica não se resume à já violenta negação do que seja diverso, mas nas (freqüentes) situações extremas implica também sua destruição. Como na experiência do estranhamento, a tendência egóica é, diante da proposição de uma diferença que invoca novamente a interdependência na intersubjetividade, negar que aquilo seja também parte de si e, ameaçado pela constatação da própria implicação na realidade, buscar eliminar a alteridade destruindo o outro. Daí não ser difícil entender a violência como atuação do desejo de destruir o que no outro evoca a própria fragilidade, revelada na interdependência e de preservar o que faz aparentar auto-suficiência. Tal qual no estranhamento, o indivíduo vê-se na relação com os outros diante de si mesmo e do que há de mais assustador na alteridade: o reconhecimento das tantas insuficiências humanas, presentes também em si e só compensadas pela sociabilidade.

Antes de passarmos à consideração da violência na escola, cumpre destacar que nos posicionamos na vertente que, a partir de Freud, entende a violência como solução nascida do esforço por resolver o conflito entre o prazer e a dor inerentes às relações com o outro – e não de uma eventual oposição entre o indivíduo egoísta e as exigências coletivas que suprimiriam os desejos individuais (MAIA, 1993). Na ambivalência que caracteriza as relações humanas – amar o outro pelo prazer que a intersubjetividade confere, mas também odiá-lo pela dependência que denuncia –, consi-deramos aqui a violência como alternativa do odiento que, sem o tempero do amor, elege um objeto e a ele se fixa para projetar a fantasia de auto-suficiência e de supremacia face à intersubjetividade: o outro, esvaziado de sua alteridade, já não é mais necessário, senão como objeto de descarga automática desse ódio, já não mais sublimado.

...Na escola

Como instituição, a escola é co-responsável pelo processo de inclusão do indivíduo nas diferentes expressões culturais em que está imerso, desde o nascimento (ANDRADE, 2002): nesse processo, pessoas e grupos entrecruzam-se, num jogo constituído de subjetividades e coletividade que conduz ao intersubjetivo. A adoção do viés psicanalítico impele a sempre buscar na intersubjetividade o que pode nela haver dos efeitos do inconsciente, tanto no psiquismo quanto nas relações humanas – por derivação, a buscar repercussões que o psiquismo, marcado pelo inconsciente, termina por produzir nas instituições, inclusive a escola (BUTELMAN, 1998). A teoria psicanalítica permite, então, compreender a escola como instituição sustentada por uma intersubjetividade que produz símbolos, fantasias, jogos, imaginário, identidade e alteridade, identificações e estranhamentos, inclusões e exclusões, com vistas ao saber.

Disso decorre ser também importante pensar a escola como espaço intermediário, no sentido do que Winnicott (1975) propôs com o conceito de espaço potencial: um espaço intersubjetivo constituído a partir de um objeto transicional, por meio do qual alguém, que vem se constituindo como sujeito, deixa uma condição de maior dependência e passa à condição de maior autonomia, sem, contudo, cair na autosuficiência patológica. O objeto é transicional, nesse processo, porque faz uma transição para outra etapa de relacionamento do ego com outros objetos escolhidos em seguida, antecedendo-lhes como uma matriz relacional. Mas poderíamos dizer, num jogo de palavras, que ele também é transacional, porque implica uma primeira negociação com o outro, um importante processo de diferenciação que permite o reconhecimento do outro e a definição do eu.

Na escola, a intersubjetividade é criada e mantida no quotidiano por educadores e educandos, sendo o objeto que os medeia o próprio conhecimento. Como ocorre com o objeto transicional no modelo winnicottiano, o conhecimento produzido na escola não deve ser apropriado pelos educandos como algo produzido por eles exclusivamente; nem, tampouco, deve ser entendido pelos educadores como algo que eles concedem aos educandos de fora. Situar o conhecimento como objeto transicional constitui uma decorrência do entendimento da escola como espaço intermediário e contribui significativamente para a constituição da identidade e da alteridade na escola, compreendidas pela intersubjetividade própria ao pedagógico: tornar-se aprendiz e educador implica em ingressar na circulação dos desejos de saber e de ensinar que alimentam as relações de ensino-aprendizagem (ANDRADE, 2003).

Pensar o conhecimento como objeto transicional e a escola como espaço intermediário, então, é postular uma instituição que dê suporte a um processo de ensino-aprendizagem não restrito à assimilação de conhecimentos formais, é pensar um processo que envie educadores e educandos para questões maiores: nessa perspectiva, a escola constitui uma instituição contraposta aos modelos narcísicos de relacionamento humano, favorecendo os valores da convivência (diálogo, justiça, solidariedade, respeito), conforme postulados pelos Parâmetros Curriculares Nacionais (BRASIL, 1997) e inspirados nas recomendações da UNESCO (1999). Ao postularmos a escola como intermediação, entendemos que ela se torna, dessa maneira, contributo à resiliência[40] de seus alunos e da comunidade a que serve, podendo

---

[40] Conceito oriundo da física, indica a capacidade de um material que, tendo sofrido deformação em razão de alguma tensão, retornar à sua condição normal. Em psicologia, refere-se à capacidade humana de, superando adversidades sucessivas, prosseguir vivendo saudavelmente. Isso pressupõe condições ambientais, históricas e intersubjetivas, que permitem desenvolver sentido existencial, autoconfiança e auto-estima (Cf. ALVAREZ, 1999; e ROLIM, 2003). Aqui não só se pretende que a escola se constitua em ambiente favorecedor da resiliência, mas também que essa capacidade individual possa caracterizar os vínculos institucionais que sustentam a escola em situação de violência na superação desse conflito.

ela própria mostrar-se resiliente face às ameaças dos acordos institucionais que viabilizam o conhecimento, entre as quais se situa particularmente a violência na escola (COLOMBIER, MANGEL, PERDRIAULT, 1989; ANDRADE, 1998; LUCINDA; NASCIMENTO, CANDAU, 1999; ABRAMOVAY, RUA, 2002).

Recorrendo ainda ao modelo de Winnicott, uma das características do conhecimento pensado como objeto transicional é a de que ele deve ser capaz de "sobreviver ao ódio" (1971, p. 13), isto é, que ele deve contribuir para que sejam superados os conflitos subjetivos e intersubjetivos presentes no cotidiano escolar por vias sublimatórias e socializantes. Nesse sentido, o conhecimento produzido no processo de ensino-aprendizagem deve ser capaz de contribuir para que se resista à violência na escola, ajudando o aluno a encontrar soluções alternativas ao modelo da auto-suficiência narcísica.

Ora, a função (também inconsciente) de intermediação institucional, às voltas com o conhecimento como objeto desejável pelos atores educacionais, dá-se sempre na historicidade do cotidiano escolar. Isso parece especialmente importante quando pensamos na escola pública. Nascida de movimentos que pretenderam a democracia no sistema republicano (CAMBI, 1999), no caso brasileiro a escola pública só começou a expandir-se e se organizar como sistema no século XX: ainda que nessa organização um dos maiores interesses fosse o da formação de uma identidade nacional, a idéia de nação foi imposta e não se baseou em hábitos de cidadania, participação popular, valorização do público e de paz. Até hoje, o público ainda não foi democraticamente compreendido como bem coletivo próprio à sociedade civil: ao contrário, foi restrito, na maioria das vezes, ao estatal – tantas vezes negativamente associado à corrupção, elitismo e ineficiência.

A educação básica no sistema escolar público sofre os impactos dessa mentalidade. Em nossa época neoliberal, terminou sem investimentos financeiros, com parcos recursos para atender justamente uma população que mais precisa de uma escola de boa qualidade, com estrutura e profissionais que ofereçam um ambiente compensatório das muitas privações vividas por suas crianças e adolescentes (PUIGGRÓS, 2001). A escola pública, então, enfrenta grandes dificuldades em ser ambiente "suficientemente bom" e, nesse sentido, em oferecer condições para a resiliência face às tensões que a ameaçam, interna e externamente.

Nesse cenário, não surpreende que a violência seja uma saída recorrente, nem que a escola pública veja-se tantas vezes como seu alvo mais exposto. Fenômeno complexo porque relacional, a violência na escola, particularmente na rede pública, é corolário de processos econômicos, sociais e culturais que atingem o espaço escolar, ameaçando o tecido intersubjetivo que o constitui e que serve de suporte para o processo de ensino aprendizagem. Dessarte, a violência reproduz-se na escola pública também por conta da fragilidade institucional do público (VISCARDI, 1999), numa cultura que não aprendeu ainda a conviver segundo princípios de respeito, justiça, solidariedade e tolerância.

Lucinda, Nascimento e Candau (1999) apresentam as facetas mais importantes da violência na escola pública brasileira: a interferência de grupos externos (narcotráfico, galeras, ex-alunos em busca de lazer) constrange o funcionamento das atividades pedagógicas; a depredação do prédio escolar, inclusive como protesto ou expressão de resistência às duras condições de vida e às imposições sociais, contribui para o afeamento desse espaço público, ainda mais agravado quando se associa à negligência na sua conservação; as agressões físicas e verbais entre alunos adquirem um caráter ritual pelo qual são estabelecidas ou alteradas as relações de força entre os indivíduos e grupos; as agressões em que alunos são vítimas de adultos educadores, injustos ou incompetentes, em particular nos momentos de avaliação, mesmo quando entendidas como forma de contestação, têm como efeito um considerável desgaste da relação de ensino-aprendizagem; a violência simbólica, manifesta na distância entre o currículo escolar e cultura dos alunos, com a sobreposição da primeira sobre a segunda forma de organizar o saber. Abramovay e Rua (2002) lembram a violência sexual (assédio sexual entre alunos e entre adultos e alunos) e o porte de armas na escola como duas outras manifestações da violência na escola. As pesquisas citadas destacam, também, o comprometimento da identidade da escola, a qual fraqueja como "lugar de sociabilidade positiva, de aprendizagem de valores éticos e de formação de espíritos críticos, pautados no diálogo, no reconhecimento da diversidade e na herança civilizatória do conhecimento acumulado" (ABRAMOVAY; RUA, 2002, p. 300).

A história vivida por uma escola pública[41] pode ajudar a aplicar alguns desses traços gerais a uma situação concreta. Território de gangues envolvidas com o tráfico de drogas, o bairro tinha na escola um ponto de encontro para enfrentamento entre turmas rivais, negócios ilícitos e agressões de toda sorte aos que se opusessem àquele estado de coisas, com uma tentativa de assassinato, inclusive.

Apesar de seus poucos anos, a escola já estava à mercê do verdadeiro poder do local: os líderes das gangues autorizavam ou não as atividades noturnas e a permanência de alunos, submetendo a rotina escolar a um regime de medo e desestimulando os alunos não pertencentes às turmas hostis, temerosos de estar na escola e que se evadiam. O baixo rendimento escolar do primeiro ano de funcionamento e a transferência de professores que lá se recusavam a trabalhar tinham sido indícios desse atravessamento da escola pela violência. Nesse período, decidida a modificar esse quadro, a equipe da direção tentou um acordo com os grupos rivais. Os educadores conseguiram estabelecer algumas regras: no interior da escola não entrariam armas, não haveria agressões morais entre os inimigos, não haveria lutas ou agressões físicas. Não houve concessões, todavia, para o entorno físico da escola: a partir da calçada, as regras permaneceriam como antes.

O segundo ano de funcionamento dessa escola, pelo cumprimento das regras acordadas, tinha começado bem melhor: a escola já ganhava aspecto de um ambiente confiável, seguro, em que o respeito a alguns limites começava a acontecer. Parecia que a escola poderia

---

[41] Em João Pessoa-PB. O episódio aqui referido foi narrado, em conversa informal, por uma educadora daquela escola. Mais detalhes foram omitidos por razões éticas.

ter vida própria para dedicar-se sem ameaças à tarefa educativa. Algo, porém, pôs tudo a perder: a Secretaria de Educação fez uma mudança repentina no quadro docente, sem que nem a direção nem os alunos fossem previamente consultados. Os líderes inimigos, também alunos, não admitiram essa mudança que, para eles, soou como uma quebra do acordo local: a direção ficou desacreditada e, já no meio do ano, as regras vigentes na rua voltaram a dominar o espaço interno escolar.

Quando desinvestida econômica, social e pedagogicamente, a escola fundamental e média da rede pública não consegue constituir-se, parafraseando novamente Winnicott (1975), num ambiente suficientemente bom, capaz de oferecer condições intersubjetivas que favoreçam a continuidade do processo de subjetivação de suas crianças e adolescentes e contribuam, ademais, para a expansão de seus educandos além dos limites familiares (ao oferecer modelos societários mais amplos e diferenciados).

Aquela escola pública estava embaraçada em tensões que não lhe permitiam funcionar como espaço intermediário: inicialmente, os acordos sociais que em princípio garantiriam a escola naquele bairro não funcionavam, e os educadores oscilavam entre a impotência depressiva e a fuga angustiada face às ameaças entre grupos de alunos. A iniciativa da direção para o refazimento da sociabilidade por meio do estabelecimento de novos acordos com os grupos rivais foi uma tentativa promissora de criação desse espaço, a fim de que o conhecimento pudesse vir a ser um objeto desejável e a rotina escolar ganhasse o apreço de seus alunos, inclusive dos membros das gangues hostis.

A forma como se deu a intervenção da Secretaria de Educação, entretanto, quando confrontada com seus efeitos sobre o acordo entre alunos e escola, permite inferir que essa medida administrativa foi provavelmente experimentada como uma nova ocasião de descuido e de desrespeito o pelos adolescentes, que romperam com o acordo local por sentirem-se eles próprios traídos na confiança depositada na escola, sujeitos a um poder administrativo distante das demandas locais.

O retorno às condutas violentas anteriores ao acordo estabelecido com a escola faz pensar na atuação do que Winnicott (1993) chamou de tendência anti-social, isto é, na inclinação a uma quebra das normas sociais, que traz implícita uma esperança de cuidados. Resta perguntar se essa esperança ainda sobreviveu entre alunos habituados a recorrerem à violência como forma de resolução de conflitos " em especial quando a tentativa de uma solução pacífica fracassou.

A decisão administrativa, que em outra escola teria muito mais probabilidade de ser traduzida como procedimento rotineiro e natural, foi, ao contrário, interpretada como violência institucional, inibindo a aproximação entre gangues e escola e desfazendo a crença na possibilidade de uma convivência pacífica num espaço intermediário. Além do mais, no caso específico de gangues de bairros periféricos, como aquelas presentes na escola, há que se considerar o vínculo grupal fundado em torno de uma identidade marginal, definida por oposição à lei.

A própria organização das gangues contribui para acentuar o aspecto narcísico da violência naquela escola: é sabido que as gangues estruturam-se, muitas vezes, em relações de liderança e lealdade parcialmente hierarquizadas e por vezes autoritárias. Nelas, membros e líderes unem-se em acordos firmados precisamente no espelhamento interno e no estranhamento dos grupos rivais que se vão caracterizando durante as disputas territoriais, fora e dentro da escola. Os outros, sejam eles grupos ou pessoas, são potenciais inimigos, e devem ser submetidos ou eliminados apelando-se à violência: a lógica é aquela já indicada, a da revanche e de Talião. A intervenção das educadoras apontou para a possibilidade de firmarem-se, pedagogicamente, novos acordos escolares fundados não na força, mas na tolerância e no diálogo. O rompimento extrínseco do acordo implicou numa regressão ao quadro inicial, desta feita, ao menos parcialmente, com a possibilidade de que a violência na escola, significada com aquele caráter de protesto e resistência mencionados por Lucinda, Nascimento e Candau, estivesse associada à experiência ocorrida naquela escola.

A escola pública tem um importante papel a exercer na construção da cidadania e na formação ética dos membros da comunidade em que se insere, particularmente quando se pensa que eles são os mais desprovidos de um ambiente compensatório das privações a que estão sujeitos por seu lugar na sociedade. Ela precisa constituir-se como ambiente em que a autonomia na sua gestão, a maturidade psíquica e o compromisso ético de seus educadores propiciem, nos acordos por ela estabelecidos, a constância necessária à confiança intersubjetiva. Sem essa capacidade de confiar, de acreditar que o outro está movido por boas intenções, não há intersubjetividade nem, como indicou Winnicott (1990), possibilidade de constituírem-se moral e convivência ética.

Entendemos ser a escola pública viável como espaço intermediário para a aprendizagem da cidadania e da ética, indispensável para a elaboração de um estranhamento que conduza à prática de valores éticos avessos à violência: tal espaço pode ser construído a partir de soluções locais, consideradas sob o prisma da gestão popular da escola pública e das particularidades inerentes a cada comunidade escolar. A melhor prova disso, para a escola aqui considerada, pode ter sido o breve sucesso conquistado por educadores e alunos graças à trégua escolar, modificando o quadro de violência na escola, antes da frustração que encerrou naquele momento a experiência escolar de negociação de espaços para o conhecimento.

A (im)possível tarefa primeira: para concluir

A perspectiva psicanalítica sobre a questão da formação de valores face à violência na escola revela o complexo jogo de relações intersubjetivas em que a escola, como instituição, situa-se. Nessa rede relacional, tanto a alteridade é fundamento da formação de valores quanto, outro extremo, é alvo da violência na escola.

No caso da formação moral, atenta aos conflitos que se encontram subjacentes nos sintomas morais da criança e do adolescente que na escola são alunos, a psicanálise oferece substrato teórico a partir do qual são identificados e problematizados traços de inconsciente tanto na formação do sentimento da vergonha quanto na sua ligação mais específica com a moral. Mais ainda: a psicanálise contribui decisivamente para entender-se por que aquela ligação não se deu, perguntando: que modelos de moralidade os adultos, pais e profissionais da educação, em casa e na escola, estão oferecendo às novas gerações? Como os adultos se mostram aos jovens? E, nessas imagos parentais, o que foi feito da paixão? Mais: nos modelos oferecidos pelos adultos, de que forma se lida com o passional? Enfim, de que modo esses adultos têm contribuído para o surgimento e o desenvolvimento da noção de moralidade, entre seus filhos e alunos, que considere e inclua a paixão?

Essas questões parecem ser cruciais, na medida em que vivemos o final de um século e o início de outro cujas certezas estão irremediavelmente abaladas. Esse abalo também repercute na produção de novos valores. Freud já entrevia, em seu tempo, a tensão vivida, nesse cenário, pela educação e pelo processo civilizador: conservar ou mudar? A resposta que Freud chega a insinuar é, sabiamente, conservar e mudar. Graças ao equilíbrio instável, as contradições não precisam de soluções radicais, que fiquem cegas ao olhar sedutor e regulador do outro.

Essa leitura permite, igualmente, enxergar a violência na escola pelo prisma dos conflitos inconscientes próprios à intersubjetividade que permeia a instituição, como um sintoma cujos determinantes encontram-se na dinâmica própria à escola, a seu cotidiano, a suas relações interpessoais, a seu relacionamento com a comunidade que atende, a seus projetos e, naturalmente, ao ensino-aprendizagem. Nesse contexto, a organização escolar tem influência decisiva, contribuindo para o surgimento ou, por outro lado, para a resistência e a superação da violência na escola, conforme o grau de abertura para a alteridade.

Cabe, pois, a educadores e educadoras não somente estar conscientes dos processos psicodinâmicos que se operam também na escola, mas desenvolver uma sensibilidade semelhante à atenção flutuante, a fim de que possam promover o reconhecimento e a tradução da mensagem presente no conflito. No caso da violência, essa mensagem estará indicando a necessidade de novamente se negociarem as relações de poder com seus alunos – como nos mostrou o momentâneo sucesso da escola pública aqui referida – e também entre educadores e educadoras eles mesmos.

O olhar dos educadores, sensível e atento, pode servir como referência para o estabelecimento dos sentimentos morais necessários à contenção da violência na escola. Esse olhar educativo encontra nas tarefas de ensino-aprendizagem, na atenção ao ambiente escolar, às vizinhanças e à comunidade a que a escola serve expressões fundamentais. Daí a responsabilidade dos educadores: seu olhar, se genuinamente interessado pela escola, tem mais condições de servir como suporte dos ideais não violentos e favorecer a intermediação institucional na promoção da resiliência, sobretudo por intermédio do investimento no conhecimento como objeto da sublimação.

A referência mitológica aos rochedos do estreito de Messina para referir-se ao dilema educacional não foi apresentada por Freud para desanimar os que hoje ocupam o lugar dos marinheiros da *Odisséia*: educadores e educadoras, envolvidos na escola com a tarefa de educar para a ética e a paz, defrontamo-nos constantemente com os riscos dos extremos que, como o canto da sereia, iludem e atraem para a destruição. Entre Silas e Caríbdis, entre o controle e a liberdade, Freud, ao contrário, estimula-nos a prosseguir recusando os extremos, pois a passagem para mar aberto das possibilidades educacionais encontra-se justamente entre esses dois pólos da antinomia. O limite que a escola pode oferecer à violência também é um limite moral, mas de uma moralidade cuja racionalidade não esvazia a alteridade nem descarta as paixões decorrentes da intersubjetividade. E se a violência, com origens nas imensas desigualdades sociais e no enfraquecimento de valores da sociabilidade, não se exaure nos limites escolares, pode encontrar no espaço intermediário da escola uma continência insubstituível, matriz para sua superação.

A formação moral e a violência na escola, extremos de um mesmo espectro que a intersubjetividade – reunindo identidade e alteridade – constitui, são, portanto problemas abertos que atestam a inesgotabilidade da tarefa formativa, essência da homenagem provocativa de Freud à educação. Pode-se, finalmente, responder àquele que foi *professor extraordinarius* da Universidade de Viena: é quando a tarefa parece impossível que, em sua indispensabilidade, ela se revela mais sedutora.

Referências bibliográficas

ABRAMOVAY, M; RUA, M. G. *Violências nas escolas*. Brasília: UNESCO, Instituto Ayrton Senna, UNAIDS, Banco Mundial, USAID, Fundação Ford, CONSED, UNDIME, 2002.

ALVAREZ, A. M. S. A resiliência e a história de vida de jovens moradores de rua: a família, os amigos, o sentido da vida. In: BRASIL. Ministério da Saúde. Secretaria de Políticas de Saúde. Área de Saúde do Adolescente e do Jovem. *Cadernos, juventude saúde e desenvolvimento,* v. 1. Brasília, agosto, 1999.

ANDRADE, F. C. B. *Entre o espinho e o frio: o discurso do educador de ensino fundamental acerca da violência na escola*. João Pessoa, PB: UFPB, 1998. Dissertação (Mestrado em Educação), Centro de Educação, Universidade Federal da Paraíba, 1998. Inédito.

_____. Dentro ou fora: essa escola, onde está? *Estilos da clínica*, São Paulo, n. 12, p. 76-99, 2002.

_____. Do saber desejar ao desejar saber: contribuições da Psicanalítica à Educação Escolar. In: SALES, V.; BATISTA, J.; SILVA, M. *Psicologia na educação*: Um referencial para professores. João Pessoa, PB: EdUFPB, 2003.

ARAÚJO, U. *Conto de escola. A vergonha como um regulador moral.* São Paulo: Moderna; Campinas, SP: Editora da Universidade de Campinas, 1999.

ARISTÓTELES. *Ética a Nicômaco*. São Paulo: Abril Cultural, 1979 (Col. Os pensadores " Aristóteles).

ASSOUN, P. L. *Freud e Wittgenstein.* Rio de Janeiro: Campus, 1990.

BUTELMAN, I. (Org.). *Pensando as instituições: teorias e práticas em educação.* Porto Alegre, RS: ArtMed, 1998.

BRASIL. Ministério da Educação. Secretaria de Ensino Fundamental. *Parâmetros Curriculares Nacionais (1ª a 4ª série): apresentação dos temas transversais e ética.* Brasília, DF: MEC / SEF, 1997.

CABRAL, J. T. *A sexualidade no mundo ocidental.* Campinas, SP: Papirus, 1995.

CAMBI, F. *História da pedagogia.* Campinas, SP: EdUNESP, 1999.

COLL, C.; PALACIOS, J.; MARCHESI, A. (Orgs.). *Desenvolvimento psicológico e educação. Psicologia evolutiva.* Porto Alegre: Artes Médicas, 1995. Volume I.

COLOMBIER, C; MANGEL, G.; PERDRIAULT, M. *A violência na escola.* São Paulo: Summus, 1989.

COSTA, J. F. *Violência e Psicanálise*, 2ª. ed. Rio de Janeiro: Graal, 1986.

_____. Narcisismo em tempos sombrios. In: FERNANDES, H.R. (org.), *Tempo do Desejo - Sociologia e Psicanálise.* 2. ed. São Paulo: Brasiliense, 1991.

ENRIQUEZ, E.; CARRETEIRO, T. C. Violência, paranóia e perversão nas sociedades ocidentais contemporâneas. Reflexões sobre o filme "Tiro em Columbine" de M. Moore. In: *Estados Gerais da Psicanálise. Segundo encontro mundial. Trabalhos inscritos.* Disponível em: < http://www.estadosgerais.org/ mundial_rj/port/trabalhos / 5d_Carreteiro_60250903_port.htm > Acesso em 26 nov. 2003.

FREITAG, B. *Itinerários de Antígona – a questão da moralidade.* 2ª ed Campinas, SP: Papirus, 1997.

FREUD, S. [1908] Moral sexual civilizada e doenças nervosas modernas. In: _____. *Edição Standard das Obras Psicológicas Completas de S. Freud (ESB).* Rio de Janeiro: Imago, 1976. Volume VIII.

_____ [1913] O interesse científico da Psicanálise. In: _____. *ESB.* Rio de Janeiro: Imago, 1976. Volume XIII.

_____. [1914] Algumas reflexões sobre a psicologia do escolar. In: _____. *ESB.* Rio de Janeiro: Imago, 1976. Volume XIII.

_____. [1919]. O estranho. In: _____. *ESB.* Rio de Janeiro: Imago, 1976. Volume XX.

_____. [1920]. Além do princípio do prazer. In: _____. *ESB*. Rio de Janeiro: Imago, 1976. Volume XVIII.

_____. [1923] O ego e o id. In: _____. *ESB*. Rio de Janeiro: Imago, 1976. Volume XIX.

_____. [1924] A dissolução do complexo de Édipo. In: _____. *ESB*. Rio de Janeiro: Imago, 1976. Volume XIX.

_____. [1930] O mal-estar na cultura. In: _____. *ESB*. Rio de Janeiro: Imago, 1976. Volume XXI.

_____. [1932-a] Conferência XXXI. In: _____. *ESB*. Rio de Janeiro: Imago, 1976. Volume XXII.

_____. [1932-b] Conferência XXXIV. In: _____. *ESB*. Rio de Janeiro: Imago, 1976. Volume XXII.

_____. [1932-c] Por que a guerra?. In: _____. *ESB*. Rio de Janeiro: Imago, 1976. Volume XXII.

_____. [1937] Análise terminável e interminável. In: _____. *ESB*. Rio de Janeiro: Imago, 1976. Volume XXIII.

GABRIEL, Y. *Freud e a sociedade*. Rio de Janeiro: Imago, 1988.

KEHL, M. R. Masculino/ feminino: o olhar da sedução. In: NOVAES, A. (Org.). *O olhar*. São Paulo: Companhia das Letras, 1988.

KOHLBERG, L. Moral Stages and Moralization: The Cognitive-Developmental Approach. In: LICKONA, T. (Ed.). *Moral Development and Behavior* – Theory, Research, and Social Issues. New York: Holt, Rinehart and Winston, 1976, p. 31-53.

KUPFER, M. C. *Freud e a educação* – o mestre do impossível. São Paulo: Scipione, 1989.

LA TAILLE, Y. "Desenvolvimento do juízo moral e afetividade na teoria de Jean Piaget". In: LA TAILLE, Y. et alii. *Piaget, Vygotsky, Wallon* – teorias psicogenéticas em discussão. São Paulo: Summus, 1992.

_____. A indisciplina e o sentimento de vergonha. In: AQUINO, J. G. (Org.). *Indisciplina na escola – alternativas teóricas e práticas. São Paulo*: Summus Editorial, 1996.

_____. A questão da indisciplina: ética, virtudes e educação. In: DEMO, P.; LA TAILLE, Y.; HOFFMANN, J. *Grandes pensadores em Educação*: o desafio da aprendizagem, da formação moral e da avaliação. 2ª ed. Porto Alegre: Editora Mediação, 2002.

LAPLANCHE, J. Interpretar (com) Freud. In: Idem. *Teoria da sedução generalizada e outros ensaios*. Porto Alegre, RS: Artes Médicas, 1988.

_____. *Problemáticas III: a sublimação*. São Paulo: Martins Fontes, 1989.

_____. *Novos fundamentos para a Psicanálise*. São Paulo: Martins Fontes, 1992.

_____. A Psicanálise como anti-hermenêutica. *Psicanalítica* – n° 3, ano 3, Recife: Círculo Psicanalítico de Pernambuco, 1995.

_____. *Freud e a sexualidade: o desvio biologizante*. Rio de Janeiro: Jorge Zahar Editor, 1997.

LASCH, C. *O mínimo eu*. Sobrevivência psíquica em tempos difíceis. 4ª ed. São Paulo: Brasiliense, 1987.

MAIA, L. Para uma metapsicologia da violência ¾ comentário crítico a 'Pulsão e processo de simbolização' de Alain Gibeault. In: *Psicanalítica*, ano 1, n° 1. Recife: CPP, novembro de 1993.

_____. "El deseo de autonomía: para un análisis de la tendencia ptolemaica en Freud". In: *Anales*. 3.er Coloquio Internacional Jean Laplanche – Practica psicoanalítica y mensaje enigmático. Nuevas investigaciones en psicoanálisis. Madrid: Universidad Autónoma de Madrid, 1996.

MARIN, I. K. *Violências*. São Paulo: Escuta/FAPESP, 2002.

MEZAN, R. *Freud: a trama dos conceitos*. São Paulo: Perspectiva, 1982.

MONZANI, L. R. *Freud – o movimento de um pensamento*. 2 ed. Campinas: EdUNICAMP, 1989.

NEVES, M. A. M. *O conceito de sublimação na teoria psicanalítica*. Rio de Janeiro: Editora Rio, 1977.

PIAGET, J. *O julgamento moral na criança*. São Paulo: Mestre Jou, 1977.

PUIGGROS, A. Educación y poder: los desafios del próximo siglo. In: TORRES, C. B. (Comp.) *Paulo Freire y la agenda de la educación lationoamericana en el siglo XXI*. Buenos Aires: CLACSO, 2001, pp.09-21.

ROAZEN, P. *Freud: pensamento político e social*. São Paulo: Brasiliense, 1973.

ROLIM, M. FEBEM: um exercício de resiliência. Disponível em: < http://www.rolim.com.br/balfebem.htm> Acesso em 30 de novembro de 2003.

SILVA, M. C. P. *A paixão de formar* – Da Psicanálise à Educação. Porto Alegre: Artes Médicas, 1994.

UNESCO. *Educação – um tesouro a descobrir*. Relatório para a UNESCO da Comissão Internacional sobre Educação para o século XXI. 3. ed. São Paulo: Cortez; Brasília: MEC: UNESCO, 1999.

VINHA, T. P. *O educador e a moralidade infantil: uma visão construtivista*. Campinas, SP: Mercado de Letras; São Paulo: Fapesp, 2000.

VISCARDI, N. Violência no espaço escolar e crise do Estado de Bem-Estar. Considerações para o caso do Uruguai. In: SILVA, L. H. (Org.). *Século XXI: – Qual conhecimento? Qual currículo?* Petrópolis: Vozes, 1999.

WINNICOTT, D. W. *O brincar e a realidade*. Rio de Janeiro: Imago, 1975.

_____. Moral e educação. In: _____. *O ambiente e os processos de maturação – estudos sobre a teoria do desenvolvimento emocional*. Porto Alegre: Artes Médicas, 1990.

_____. A tendência anti-social. In: _____. *Textos selecionados: da pediatria à psicanálise*. Rio de Janeiro: Francisco Alves, 1993.

DE QUE PODE FALAR O MAL-ESTAR NA EDUCAÇÃO?[42]

Ivone de Barros Vita[43]

Pergunto coisas ao Buriti: e o que ele responde é: a coragem minha. Buriti quer todo o azul e não se aparta de sua água – carece de espelho. Mestre não é quem sempre ensina, mas quem de repente aprende.

Guimarães Rosa

Já utilizei, em outros trabalhos, epígrafes de João Guimarães Rosa da sua clássica obra *Grande sertão: veredas*. Resolvi de repente, mais uma vez, recorrer a esse monumento literário para começar a matutar sobre o tema objeto dessa mesa. O buriti é um tipo de coqueiro, palmeira-dos-brejos, uma planta das várzeas molhadas das veredas sem fim dos pedaços de sertão, desse nosso causticante solo do nordeste brasileiro. É uma planta que "não se aparta de água", como eu aqui, que não gostaria de me apartar de minhas experiências e, assim, trazer reflexões de uma prática longa na educação, posteriormente, nas veredas da psicanálise e da psicanálise em conexão com a educação num trabalho de consultoria que mantenho há cerca de uma década.

---

[42] Este trabalho foi apresentado no VI Congresso Brasileiro de Psicopatologia Fundamental em 6 de setembro de 2002, Recife-PE.
[43] Psicanalista, psicóloga e pedagoga. Doutora em Filosofia e Ciências da Educação (Salamanca – Espanha). Ex-docente do Centro de Educação da UFPB.

Riobaldo Tatarana é quem diz a frase citada. Ele é o personagem marcante do livro, na verdade, é uma mistura de pessoas: antigo professor de fazenda, nos cafundós dos Gerais, temível jagunço, chefe de cangaceiros e, no final da vida, um velho fazendeiro que conta e reconta as suas memórias. Mais do que isso, na sua narrativa, ele se faz muitas perguntas e reflete sobre muitas coisas da vida. Nesse momento, é como se eu lhe indagasse do mote e do tom que poderia dar a essa fala e ele trouxesse uma indicação, noutras palavras, de algo de que trata a psicanálise – um saber que nunca se sabe, mas que dele se pode aprender/aprender verdades maiores. Afinal, no lugar de integrante desta mesa possa com ele repetir que "mestre não é quem sempre ensina", mas quem de repente, como nessas discussões que vamos realizar, aprende, e muito!

O trabalho que ora apresento é fruto de todo um tempo de nessa via de aproximação da Psicanálise e Educação e, portanto, de uma leitura em que entram, nos bastidores do cenário, os campos da educação, da família, de equipes de trabalhos – diretores, coordenadores pedagógicos, orientadores educacionais, professores, psicólogos escolares, assistentes sociais – indicando a forma como se movimentam, se articulam, se colocam como um campo aberto à aproximação da psicanálise, mostrando o seu vigor centrado na tensão permanente que expressa o mal estar da contemporaneidade, isto é, do homem deste tempo.

Meu objetivo maior é trazer esse campo de tensões, o vivido, vivido este que reclama novos encaminhamentos e, ao mesmo tempo, nos escapa, na medida em que fala de uma complexidade que envolve o temor, as deficiências, as manipulações diabólicas do político, social e econômico e, também do desamparo. As reflexões realizadas no Núcleo de Estudos e Produção em Psicanálise e Educação do EPSI – Espaço Psicanalítico vêm resultando em desdobramentos teórico-práticos com interfaces no social e cultural e, hoje, aqui expressos, quiçá possibilitem novos elementos que auxiliem na compreensão do mal-estar da/na educação.

Entendemos que a situação de mal-estar que se instala no campo educacional sinaliza que vão mal as instituições, a cultura. A escola, a família, sofrem. A criança, o adolescente, o jovem adulto e quem deles cuidam, adoecem. Tratar esse sofrimento, o seu adoecimento nas suas freqüentes manifestações e formas de expressão é, no mínimo, tomar contato mais de perto com suas dores, suas feridas. Indo, portanto, nesta direção é enveredar na contramão da sociedade desumanizante, indicando, um certo destino funesto ao homem cerrando as fendas que poderiam arejar o devir humano.

No panorama atual a violência, a indisciplina, o fracasso escolar tornam-se marcantes e despertam na sociedade, nos pais e profissionais da esfera educacional e psicológica, para a urgência de estudos mais aprofundados sobre a natureza e formas de mediação das relações, que nesse campo se entrelaçam, se desenlaçam. Apontam, também para a urgência de encaminhamentos mais eficazes que minimizem os efeitos avassaladores sobre a origem da infelicidade do homem que não mais vem conseguindo afirmar sua verdadeira diferença, criado que está à imagem de clone (ROUDINESCO, 2000, p. 14).

Sigo, assim, duplo movimento: um, que levanta as dificuldades que enfrentam crianças, adolescentes e jovens no seu processo educativo; outro, que é vivido pelos adultos – pais, educadores, profissionais no exercício de suas funções. Tento, desse modo, entrelaçar o mal-estar com as diversas maneiras de acolhimento vividas Ao refletir sobre o sentido das manifestações do mal-estar e sua articulação com as vicissitudes das instituições educacionais, tento uma via de localizar uma possível resposta a esta indagação: a situação de (mal) estar na educação, de que fala?

Para realizar essa empreitada sinto que devo tomar três direções de modo a não incorrer nos meandros de toda uma profusão de situações, certamente, merecedoras de reflexão, mas, impossíveis, nesse momento, de serem levantadas. Assim, penso, inicialmente, situar, de relance, a questão da modernidade *versus* subjetividade mediando-as com as tentativas do sujeito, de antemão fracassadas, de responder às exigências que lhe são impostas. Tratarei, em seguida, garimpando discursos de crianças, adolescentes, jovens adultos e educadores, de localizar o mal-estar que se instala entre todos e seus efeitos.

Apresentarei, finalmente, à guisa de conclusão, as repercussões dessa leitura na compreensão de um trabalho em que a psicanálise comparece no campo da educação para entender melhor a complexidade de sintomas que se apresentam no campo educacional.

"O que era doce, se acabou"... Será que alguma vez existiu?

Corriqueiramente, faz-se referência à "modernidade". É uma palavra chave quando se tenta compreender nossa cultura, que se denomina moderna. Estudiosos de diferentes áreas parecem ter diferentes conceitos, não obstante, falar dela implica uma referência que traz uma marca de tempo, tempo que separa de um lado os pré-modernos e de outro os modernos, pós-modernos.

No cenário, há os que insistem na linha da modernidade como tábua de salvação. Outros a vêem de forma mais incrédula, como não tendo cumprido o seu papel. Há, ainda, os que a recusam e insistem num retorno do passado – fonte de um paraíso perdido. Mas de que se trata quando se evoca o termo modernidade?

Poderíamos refletir sobre modernidade e pós-modernidade a partir da escuta do que vem se modificando no campo social e acarreta mudanças para o campo subjetivo.Nesse sentido, estaríamos tentando de compreender as diferentes modalidades de sofrimento que vem se presentificando na infância, adolescência e nos "adultos-educadores" – pais e escola que delas cuidam, estando, estes também, em numa situação de desamparo.

Mas, antes, recorro a aspectos do trabalho de Bauman (1999) e Latour (1997) para entender a contemporaneidade.

Afirma Bauman em que a modernidade alinhou-se na busca da ordem – forma de regular e dar previsão dos nossos atos, mantendo uma distinção tensionante com o caos, "uma luta de determinação contra a ambigüidade, da precisão semântica contra ambivalência, da transparência contra a obscuridade, da clareza contra a confusão" (BAUMAN. 1999, p. 14).

Na modernidade, diferentemente de outros tempos, a ordem é vivida como tarefa. Noutras palavras, o moderno toma a ordem como um objetivo precípuo a cumprir. É como negação do caos que ela é valorada. A incerteza e a ambivalência não têm espaço, não tem assento, são rechaçados. É a partir desses dois eixos ordem/caos – que se constrói a modernidade. Em nome do progresso, tudo que é obscuro se torna caótico, deve ser abolido. Para que o mundo se torne habitável é imprescindível identificar e classificar os que se colocam em oposição. Latour lembra que os modernos encontram-se empenhados em um projeto ideal de purificação. Há como que no moderno, um horror à mistura.

Uma dissociação entre os atos de purificação e seus resultados é criada. Assim, adequar-se aos ideais da cultura vigente é insistir na preservação da purificação. Seguir na contra-mão é estar condenado à sujeira que deve ser eliminada nas diferentes formas então criadas de subjetivação.

Inúmeras dicotomias – sujeito/objeto, indivíduo/sociedade, natureza/cultura, paixão/razão etc. – oriundos de procedimentos dissociativos atuam como atribuição de sentido e organização da desordem através da produção de dualismos. A unidade do par não entra em jogo na lógica ordenada excludente.

Para Bauman, a produção involuntária da ambigüidade ocorre ao tempo que avança a tarefa moderna de ordenação. É Latour que pontua que jamais fomos modernos como desejaríamos que fôssemos, pois, na procura da melhor forma, da purificação, produzimos os "híbridos" inclassificáveis, os miscigenados. Estes, na verdade, sempre existiram, mas, é na modernidade, que se pensou promover uma cisão entre estes híbridos e aqueles da purificação.

A modernidade, para Latour, firmou-se, nas suas bases, em dois conjuntos de práticas diversas – a que cria misturas de gêneros, híbridos da natureza e cultura e outro que cria, por purificação, os humanos e os não-humanos, resultando naquilo que é da ordem da impossibilidade de se fixar em apenas dois conjuntos. Desse modo, negando os "híbridos" fez com que se criasse uma camada submersa, subterrânea, que não houve mais como deixá-la escondida.

Advinda da busca sistemática da ordem e da necessidade, aparece a descoberta da contingência. Segundo Bauman, dado que a desordem é recorrente, a modernidade é envolvida em um programa reflexivo infinito. Neste sentido, a dinâmica da modernidade exige um sujeito reflexivo, que fale de si. Tendo como tarefa dar sentido, produz-se um "não sentido" – "um dos produtos mais sistemática e regularmente associados ao exercício das atividades humanas ordenadora do caos" (FIGUEIREDO, 2001, p. 221).

O ambíguo, o contingente e as ambivalências, produtos do fracassado objetivo da modernidade, gerou a condição de subjetividade pós-moderna. Assim, diante do horror da diversidade, da incerteza, a pós-modernidade responde com fragmentação, superficialidade, com o efêmero. Ela "vive sob a Constituição moderna, mas, não acredita mais nas garantias que essa oferece" (LATOUR, 1997. p. 50). E o que resultou do fracasso do paradigma que regeu a modernidade no campo educacional? E seus respingos na infância, adolescência e jovens adultos no processo educacional? Diante do "sintoma" do moderno em que os conflitos e tensões se instalam num campo diametralmente oposto ao que foi buscado, causando estrangulamentos, como podemos situar o mal-estar na educação?

As transformações nas formas de vida se relacionam com mudanças subjetivas. O sujeito é uma realidade psíquico-histórico-cultural. Ele **valora** – seleciona fatos do mundo – e **justifica** as escolhas feitas criando um sentido para seus atos intencionais que, por sua vez, depende das crenças sobre causas e finalidades e **busca a felicidade** que, portanto, está relacionada ao conteúdo das crenças que fundamentam o sentido das valorações. Assim "sempre que pensamos o sujeito, assumimos que ele age, pensa e sente de modo a aspirar à felicidade" (COSTA, 2002. p. 1).

O mal-estar que se instala na escola, na família, na infância e na adolescência

Se as transformações nas formas de vida resultam, ao longo do tempo, em mudanças subjetivas, a Modernidade trouxe, com seu projeto, grandes impasses que resultaram em muitos desconfortos, sofrimentos e missões impossíveis. A produção dos discursos e das situações no campo educacional, da família, da infância e adolescência encontra-se permeada das contradições, ambivalências e impossibilidades que exigem reflexões que possam contribuir para clarificar as fronteiras desse mal-estar.

Estudos e pesquisas nacionais e internacionais (Europa, Estados Unidos, América Latina) apontam dois grandes problemas da educação contemporânea: a disciplina/indisciplina e a avaliação/reprovação – na verdade duas faces da mesma moeda. Há estudiosos que vêem o fracasso escolar como causa do fracasso dos indivíduos, de uma classe social, de um sistema social, econômico e político. Há, ainda, os que exploram outra vertente: o fracasso escolar seria o fracasso da própria escola. Sem que seja preciso se adentrar nesse campo, sugiro que a falta de consideração do fenômeno da construção da subjetividade, da singularidade, contribui para deixar de se perceber os "sentidos" que tomam o sintoma em questão.

Associada a essa configuração, vem a presença do "aluno difícil", que parece grassar por todo o universo educacional. Em busca dos culpados, nada melhor do que procurar os mais fracos, mais fragilizados. A escola, através dos seus educadores, especialistas, torna-se palco da negação dos "híbridos". Deixando-se levar pelo sentido da norma, passa a trabalhar no sentido de expurgar esses alunos, na medida em que falam do insucesso, do "impuro", das contradições e ambigüidades.

No capítulo **Infância e adolescência marginalizadas e espaços institucionais**, teci os seguintes comentários: "Penso, no sobrosso que acomete muitos dos integrantes dessas instituições, quando a equipe é invadida por muitas faltas, pela sensação de ter de realizar ações urgentes para conseguir resgatar crianças de seu mundo interno hediondo e terrível sem o necessário distanciamento. Parece inevitável que os educadores sejam invadidos por aquilo com que se deparam, já que os educandos deles cobram o direito de poder entender a magnitude de tudo aquilo que lhes acontecera: Em outras palavras, a criança, como diz Kupfer com extrema propriedade, 'reclama o direito de compreender o que lhe acontece de absurdo'" (1999, p. 101).

Se, por um lado, apontamos as vicissitudes, as marcas que vão sendo feitas na construção da subjetividade das crianças e adolescentes, por outro pensamos que são, de uma mesma natureza, as que fazem revolver, nos próprios educadores, os movimentos tensionantes que vão influir na geração de desconfortos dos ideais dos sujeitos da pós-modernidade. Isto me faz pensar que há muitas histórias públicas contadas e recontadas de crianças e adolescentes e muitos segredos privados dos educadores que também tiveram um destino inexorável, marcados que foram pelo mesmo modelo de felicidade construído sob a égide de uma alienação que os privaram de refletir sobre um reordenamento, por exemplo, de antigos valores. Carentes de soluções para os complexos e difíceis problemas do seu tempo e dos seus educandos, na sua tarefa de "dar sentido" a essa avalanche de situações de sofrimento traduzida, por exemplo, nas vias da indisciplina e reprovação, termina-se por produzir um "não sentido" que fala de algo que encerra situações de conflitos ou ambigüidades nesse panorama de insucessos com contornos tão preocupantes.

O cotidiano escolar encontra-se repleto de situações que expressam o jogo de tensões – domínio/resistência que influenciam na construção da subjetividade. A rede de lugares instituídos – professor/ aluno, por exemplo – contribui na estruturação dos sujeitos, assim como o próprio discurso dos educadores sobre aquele mesmo cotidiano. Nesse sentido, aparecem também, as suas próprias identificações com a norma/caos, com o controle. No movimento imperativo de ordenar, simplificar, por exemplo, o trabalho do aluno através de recursos técnico-pedagógicos, os educadores de igual maneira que na vida social, da pós-modernidade, terminam por trabalhar na forma de uma fragmentação dos conteúdos de ensino, verdadeiros retalhos soltos que nem sequer conseguem formar uma colcha, ou na manutenção de superficialidade no que diz respeito às relações com seus educandos: há um não querer saber "do que com eles se passam, que em nada favorece as condições de leitura do mundo", como lembrava Paulo Freire.

O cenário escolar, em suas partes constitutivas, pauta-se, certaz'mente, pela forma como têm sido pensados e traduzidos os valores, suas escolhas, as justificativas e crenças que aí estão implicadas e que fornecem a base do sentido daquilo que é valorizado. Há, nesse momento, que se reindagar sobre os valores que a sociedade contemporânea vem perseguindo, defendendo. Jurandir Freire Costa (2002) pontua que o

> sujeito contemporâneo faz da regra da felicidade a chave mestra dos ideais formadores da sua identidade. A "qualidade de vida" ganha fôlego cujo referente privilegiado é, por exemplo, o corpo – sua longevidade, a perfeição da saúde física e mental, a juventude. O mundo ecológico, "cidade ambiental" se sobrepõem à "cidade política terrena".

Para lidar com velhas e novas construções valorativas, fez-se necessário reinventar novas estratégias, novos arranjos tanto no âmbito de cada sujeito como nas instituições – escola, família. Nesse movimento, não é incomum ver famílias fortemente marcadas ora pelo sofrimento – perdas precoces, subsistência difícil, ora pela abertura de novos espaços, novas configurações como aquela referida em um artigo do CPPL – Centro de Pesquisa em Psicanálise e Linguagem – Recife/PE, *Álbum de família (Revista Pulsional de Psicanálise* – São Paulo, ano XIII, nº 135, julho de 2000, p. 62-63). Ali, contou-se de certo senhor, quando indagado quantos filhos tinha, pára um pouco e diz "são mais ou menos"...

Lócus da reprodução social, veio de transmissão dos sistemas culturais, a família também se sente estonteada, por exemplo, diante de situações de mal estar dos seus adolescentes frente às enormes pressões por estes sofridas durante todo o curso de ensino médio via, por exemplo, o processo seletivo do vestibular. Lembro, nesse momento, de um jovem de 16 anos que me disse: "quero estar melhor entre o(s) melhore(s). Para confirmar que tenho um lugar, é preciso estar garantido mas, como, se, nem em casa, eu tenho essa garantia?" Ou outro jovem, que disse: "Só penso em saber o quanto eu posso errar em cada matéria... se posso, por exemplo, errar uma ou duas questões".

Garimpo, ainda, falas de professores que demonstram a falta de clareza ou uma leitura, ainda superficial, da situação de seus alunos e do mundo em que vivemos. Dizia-me, um professor: "Os alunos já chegam à Educação Infantil, na pré-escola, defasados. Ora agitados, ora sem limites não se concentram em nada, só querem brincar. Geralmente, são filhos de pais separados". Há outro professor que diz: "A gente tenta de tudo com aqueles alunos da reposição, mas não vejo que adianta muito: os crônicos são crônicos. Esses deviam estar em classe especial; eles atrapalham muito o andamento da classe 'normal'".

Certamente, parece não haver lugar para o diferente. O projeto ideal de "purificação" está na ordem do dia e, desse modo, não há lugar para miscigenados. E o que dizer dos excessivos encaminhamentos de alunos, de escolas públicas de subúrbios, ao SOE ou aos postos de saúde do bairro, esses em que o mal-estar parece assombrar fisicamente o cotidiano escolar? Salas de aceleração, progressões continuadas, seriam o reforço da luta contra as ambivalências ou das incertezas que as próprias crianças trazem em seus corpos muitas vezes mal vestidos, mal cheirosos, que falam do horror do seu sofrimento?

O mal-estar na educação: um sintoma *ad-aeternum*?

Trabalhando na clínica psicanalítica com crianças e adolescentes, temos acesso a um sujeito em constituição no âmbito de um discurso em que a família está colocada. Trabalhando, também, no campo da consultoria em que os educadores comparecem, sinto poder falar desse amplo universo da psicanálise como potencial transformador no campo social.

Utilizando a psicanálise como instrumento metodológico, enveredei, como situa Regina Schnaiderman, por um **fazer saber**, daquilo que encerra as contradições do vivido do humano, uma experiência de metabolização, da miscigenação, do híbrido, na perspectiva de um novo zoom nesse (des)mapeamento da infância, adolescência, instituições no mal-estar da contemporaneidade.

Ao se examinar a construção da modernidade e a pós-modernidade, há uma perplexidade que advém no movimento de desconforto imposto pelo ritmo das mudanças pleiteados desse "novo tempo", dos anseios das instituições, encarregadas de oferecer contornos capazes de sustentar a "sociedade depressiva" de que fala Elizabeth Roudinesco (2000, p. 13-31).

Falar da construção da subjetividade humana, suas contradições e diversidades é fazer remeter ao registro do longo processo histórico. É também, refletir sobre os reflexos sentidos nas diferentes modalidades de apresentação do sofrimento: de maneira a não se adentrar na cegueira e surdez daqueles que não reconhecem os acometidos por perturbações, mal-estar instalado, cronificado, como sendo produto de singularidades.

Anteriormente, trouxe os dois sintomas que acometem crianças e adolescentes na escola: indisciplina e fracasso escolar. Têm sido inúmeros os trabalhos produzidos nesse campo como têm sido maciços os investimentos feitos na tentativa de minimizar a situação de desconforto que há nos próprios educandos, na escola e na família. Fico meditando que, talvez, o que menos se tem dito é a utilização continuada de mecanismos que negam a importância dos vínculos estabelecidos, da subjetividade, do acontecer humano, para usar a expressão de Gilberto Safra (2001), e do lugar ou da posição que cada sujeito ocupa no mundo, que provoca desacertos na orientação de propostas mais humanas que possam atender à necessidade básica da criança ou adolescente de sentir que dela se cuida verdadeiramente.

O silenciamento das marcas históricas e singulares da subjetividade, a exclusão dessa consideração a nível institucional provoca efeitos de desorganização sobre os alunos, carentes que ficam de serem olhados na sua singularidade... A "inquietante estranheza" de que fala Freud ([1919] 1976), a dimensão positiva de inquietação que as perturbações implicam devem ser observadas, consideradas fontes maiores de inspiração para os que deles – crianças e adolescentes – cuidam.

Sabe-se que, no campo da inquietação, há interrogantes básicos que sujeito coloca para sua existência, ou que se impõem tragicamente à sua subjetividade. Nos sintomas, como nos ensinou Freud/Breuer (1985), há uma dimensão inequivocada de interação do sujeito. Compreender, pois, aqueles sintomas escolares em sua dimensão semântica, em sua extensão e intenção é poder ter a chance de ao descortinar os seus verdadeiros sentidos, poder entender que o moderno, no sentido do novo, do atual e do bom-tom, exige, acima de tudo, reflexão continuada e capacidade de escutar aquilo que faz o próprio homem ser – suas ambigüidades, incertezas, em suas variadas formas de responder aos apelos da ordem, da purificação.

Nessa perspectiva, compreendo que a leitura aqui feita longe está de ser suficiente. A suspeita torna-se contínua e sugere novas reflexões dado que se evidencia do duplo movimento da análise, não só ao desamparo de crianças e adolescentes, mas dos adultos que deles cuidam frente às exigências descabidas do slogan "por um mundo moderno e melhor".

Indo na contramão dos ideais da modernidade que insiste na preservação da purificação revela-se o desamparo. Entendo que prosseguimento de estudos no NEPPE/EPSI pode contemplar fenômenos ímpares da situação de mal-estar na educação, numa outra via – a da área intermediária ou de transitoriedade como sugere Winnicott do campo potencial e que nos faz pensar como Guimarães Rosa:

> "... ajudo com meu querer acreditar. Mas nem sempre posso... Eu quase nada sei, mas desconfio de muita coisa".

Referências bibliográficas

ALMEIDA, S. F. C. Sintomas do Mal-estar na Educação: subjetividade e laço social. In: *Anais do II Colóquio do Lugar de Vida*. *A psicanálise, a educação e os impasses da subjetividade no mundo moderno*. São Paulo: IP/FE/USP, 2000.

AQUINO, J. G. (Org.). *Erro e fracasso na escola: alternativas teóricas e práticas*. São Paulo: Summus, 1987.

BAUMAN, Z. *O mal-estar da pós-modernidade*. Rio de Janeiro: Jorge Zahar, 1998.

_____. *Modernidade e ambivalência*. Rio de Janeiro: Jorge Zahar, 1998.

BIRMAN, J. A Questão do Sentido em Psicanálise. In: BEZERRA JR., B. e PLASTINO (Org.). *Corpo, afeto, linguagem: a questão do sentido hoje*. Rio de Janeiro: Rios Ambiciosos, 2001. p. 199 - 218.

COHEN, R. H. P.; LESSA, C. F.; MELO, D. C. e outros. O lugar do psicanalista na escola. In: *Estilos da clínica: Revista sobre a infância com problemas*. Vol. VI, n° 11, 2001. p. 17-25.

CORDIÉ, A. *Os atrasos não existem: psicanálise de crianças com fracasso escolar*. Porto Alegre: Artes Médicas, 1987.

COSTA, Jurandir F. *A subjetividade exterior*. Texto inédito, em vias de publicação. Enviado pelo autor. 2002.

FIGUEIREDO, L. C. Modernidade, Trauma e Dissociação: a questão do sentido hoje. In: BEZERRA JR., B. e PLASTINO (Org.). *Corpo, afeto, linguagem: a questão do sentido hoje*. Rio de Janeiro: Rios Ambiciosos, 2001. p. 219 - 243.

FOLBERG, M. N. (Org.). *O que reúne o povo da escola*. Porto Alegre: Movimentos, 1986.

FREUD, S. Moral sexual civilizada e doenças nervosas modernas. In: IDEM. *Edição Standard das Obras Psicológicas Completas de S. Freud (ESB)*. Vol. VIII. Rio de Janeiro: Imago, 1976.

_____. O estranho. In: *ESB*. Volume XVII. Rio de Janeiro: Imago, 1976.

_____. Mal-estar na cultura. In: *ESB*. Volume XXI. Rio de Janeiro: Imago, 1976. Volume XXI.

HOUAISS, A. *Dicionário Houaiss da língua portuguesa*. Rio de Janeiro: Objetiva, 2001.

LATOUR, Bruno. *Jamais fomos modernos*. São Paulo: Ed. 34, 1994.

MANNONI, M. *Educação impossível*. 2ª. ed. Rio de Janeiro: Francisco Alves, 1998.

GUIMARÃES ROSA, J. *Grandes sertões: veredas*. Rio de Janeiro: José Olympio, 1982.

ROUDINESCO, E. *Por que a Psicanálise?* Rio de Janeiro: Jorge Zahar, Ed., 2000.

SCHLIEMANN, A. D., CARRAHER, D. W. e CARRAHER, T. N. *Na vida dez, na escola zero*. São Paulo: Cortez, 2001.

WINNICOTT, D. W. *Da pediatria à psicanálise*. Rio de Janeiro: Francisco Alves, 1976.

_____. *O ambiente e os processos de maturação*. Porto Alegre, Artes Médicas, 1983.

OBSERVAÇÕES PSICANALÍTICAS SOBRE A CONSTRUÇÃO DO PROJETO POLÍTICO-PEDAGÓGICO: NOTAS PARA REFLEXÃO

Edna Maria da Cunha Dias[44]

Iniciando...

Muitos teóricos têm escrito sobre o projeto político-pedagógico de uma escola. Alguns refletem mais sobre a questão política que envolve o processo de construção, pela qual perpassam os estilos de liderança e as relações que se estabelecem a partir da luta pelo poder; outros buscam aprofundar as questões pedagógicas, no sentido de encaminhar mais a questão didática, a interdisciplinaridade e novas metodologias; outros ainda articulam o político e o pedagógico de forma a refletirem mais amplamente sobre o processo desencadeado e vivenciado no cotidiano escolar.

Entendemos que a construção do projeto político-pedagógico é o empreendimento maior de uma escola já que, nessa construção, se espera a decisão coletiva relativa às intenções da comunidade escolar

---

[44] Pedagoga. Mestre em educação pela UFPB. Professora aposentada do Centro de Educação da UFPB. Membro do NEPPE.

e à determinação das suas prioridades. Nesse percurso é preciso amarrar alguns pontos que afloram e se fazem necessários a essa construção, relativos ao conhecimento da realidade escolar, vislumbrando as suas inter-relações, com destaque para a definição dos espaços coletivos que possibilitam a reflexão sobre a prática pedagógica, individual e coletiva.

Dentre as diversas questões que emergem nesse processo, destacamos uma que passa pelo olhar psicanalítico, nas relações que se estabelecem no trabalho coletivo e, nesse sentido questionamos: sendo a escola uma instituição cuja estrutura e funcionamento organizam-se pela construção do seu projeto político-pedagógico, o que a psicanálise teria a nos dizer no tocante às dificuldades desse processo?

Nessas reflexões, buscamos focar a construção do projeto político-pedagógico sob a ótica psicanalítica, de modo a desvelar elementos que possam contribuir para dar mais transparência no desenrolar do processo e, conseqüentemente uma maior compreensão.

Situando...

A escola como toda instituição, congrega pessoas, espaço físico, equipamentos, normas e ações a desenvolver. É um espaço social e, portanto interativo.

Ao longo da sua existência, a escola no Brasil organizou-se a partir de pressupostos teóricos emergentes nos diversos momentos históricos, traduzidos sob a forma de políticas educacionais, traçadas no âmbito do poder central (governo federal) e encampadas pelos Estados e Municípios. Como sabemos, tais orientações quase nunca se concretizam no cotidiano escolar, ficando apenas no papel e, quando muito, no discurso pedagógico situado apenas no plano formal, que evidencia sobretudo um sentido manifesto.

No passado, acreditando obedecer às normas e resoluções prescritas hierarquicamente, pouco ou nada era pensado e elaborado do interior da escola. Tal situação reforçava a acomodação dos profissionais da educação, e a aceitação do que já vinha pronto e determinado: ora, isso também não contribuía para a constituição de fundamentos teórico-práticos mais democráticos e participativos no interior da instituição escolar.

Nessas últimas décadas, temos observado e participado de diversas tentativas de se refletir o cotidiano escolar no seu próprio lugar de acontecimento, em busca da conquista de espaços de construção da prática pedagógica, ultrapassando e combatendo a cultura do pacote pronto e acabado. Paralelamente, o momento histórico atual demanda a vivência de valores que sustentem a prática cidadã, envolvendo prioritariamente a participação e a solidariedade, indicando e praticamente exigindo que estes sejam os pressupostos para uma educação de qualidade.

Nessa direção, acompanhamos, quando na coordenação do estágio do curso de Pedagogia da Universidade Federal da Paraíba, há alguns anos, um movimento pedagógico para a construção do projeto político-pedagógico de escolas, a partir das discussões da comunidade escolar, com vistas à definição das intenções e das propostas que se têm para a instituição. É a respeito desse projeto que destaca Santiago (1997, p. 71):

> O Projeto Pedagógico da Escola é mais do que uma formalidade. É a aproximação do que se pensa sobre a educação, sobre o ensino, sobre os conteúdos do ensino, sobre o aluno com a prática pedagógica que se realiza nas escolas. É a aproximação, cada vez maior, entre o que se pensa ser a tarefa da instituição escola e o trabalho que se desenvolve na escola. É o confronto entre as intenções e os resultados escolares.

Nesse caminho, discute-se o político e o pedagógico de modo a subsidiar a definição coletiva das intenções da comunidade escolar na construção do seu projeto político-pedagógico.

Temos analisado com algumas equipes escolares a construção dos seus projetos, ocasião em que acontecem momentos coletivos de estudos, discussões e propostas. Dentre as experiências analisadas, são ressaltados os pontos que emperram ou até impedem maiores avanços nessa construção, como destacamos abaixo:

- a dificuldade de estabelecer-se um horário comum para os estudos, debates e produções coletivas;
- o descrédito de alguns educadores em mudanças na educação;
- a carência de formação mais consistente, de modo a possibilitar o desenvolvimento de ações teórico-práticas mais competentes;
- a dificuldade em fazer-se uma leitura crítica da realidade da escola e do contexto social, de modo a possibilitar o planejamento e a operacionalização de ações concretas e criativas;
- dificuldades no desenvolvimento do trabalho coletivo, quando são assumidas posições sob a forma de acomodação, descrédito, indiferença, auto-suficiência e outras, gerando conflitos que, na maioria das vezes, viram questões pessoais ou interpessoais. Aqui cabe também destacar as relações autoritárias que perpassam o cotidiano escolar, ocasionando de forma camuflada ou abertamente, mal-entendidos e desavenças, que prejudicam as questões pedagógicas essenciais à qualidade do processo ensino-aprendizagem.

Analisando...

Propositadamente deixamos para o final desse elenco de dificuldades aquela de desenvolver-se coletivamente as ações pedagógicas. Até porque o processo coletivo é a essência da construção do Projeto Político-Pedagógico, e é nesse contexto que vamos encontrar as maiores dificuldades. Elas podem ser provenientes de uma gama de variáveis político-pedagógicas que permeiam o cotidiano escolar, mas também de variáveis que se enraízam na subjetividade, nos sentimentos e nas emoções.

Apresentando-se por um conteúdo manifesto, essas variáveis também têm outros determinantes e um outro conteúdo, latente, desconhecido, inexplorado, no cerne mesmo das relações grupais que tecem a instituição escolar: eis um dos postulados da análise institucional de fundamentação psicanalítica, cujos estudos fornecem suporte para uma maior compreensão das organizações:

> Com o surgimento e a evolução da Psicanálise, algo de novo e, até subversivo se introduz no conhecimento sobre as organizações: a ênfase nos processos inconscientes e na vida pulsional. A partir daí, foi possível conceber que a vida de uma organização tem um conteúdo manifesto que se expressa em todos os fenômenos apontados pelas diversas teorias: divisão de trabalho, hierarquia, autoridade, racionalidades de produção, interações interpessoais, conflitos, etc., e que este conteúdo manifesto é suportado e determinado por um conteúdo latente-tanto desconhecido quanto censurado-que se constitui pela interação das forças de criação e destruição, próprias da natureza humana: os movimentos pulsionais de vida e morte (CARDOSO & CUNHA, 1993, p. 17).

Na instituição escolar, os comportamentos aparecem muitas vezes sem uma compreensão mais exata do seu como e do seu porquê, impedindo ou prejudicando o andamento dos trabalhos, parecendo ser uma oposição ao que está sendo encaminhado no grupo ou pelo grupo. No coletivo isso se acentua, pois cada um traz na sua bagagem a sua história, permeadas por questões primitivas, atuando diretamente nos valores e na postura que a pessoa assume frente à vida.

Em *O mal-estar da civilização*, Freud, ao abordar a temática psicossociológica, afirma, inicialmente, que as pessoas têm uma tendência a avaliar a si próprias e aos outros considerando o sucesso e os bens materiais que conquistaram, relegando o que tem real valor na vida, e esquecendo que o mundo humano e sua vida mental apresentam intensas e profundas variações. Continuando sua análise, Freud destaca (1976, p. 73):

> Contudo, devido não só às discrepâncias existentes entre os pensamentos das pessoas e as suas ações, como também à diversidade de seus impulsos plenos de desejo, as coisas provavelmente não são tão simples assim.

Nesse cenário, a construção do projeto político-pedagógico cria oportunidades para o surgimento de situações de confronto e de aliança, em que aparecem posturas de rejeição ou de identificação. Esse processo evidencia mecanismos constitutivos das relações primitivas que se reproduzem nas várias situações da vida, destacando-se o desejo, a falta e os processos identificatórios como componentes fundamentais do inconsciente.

No desenvolvimento do trabalho coletivo, então, a questão do lugar de cada um dos membros da instituição escolar passa por seus movimentos desejantes, que são instigados pelos impulsos de criação e de destruição, como bem dizem Cardoso e Cunha:

> A organização reproduz o modelo de relações familiares seja no seu aspecto estrutural (como objeto de identificação e objeto de desejo), seja reproduzindo mecanismos que acontecem nas relações familiares: relações de autoridade, dinâmica dos lugares de poder, mecanismos de comunicação, etc., organizados em torno dos movimentos pulsionais básicos: vida e morte. Como tal, parte da vida organizacional e da relação sujeito-organização, é inconsciente (CARDOSO & CUNHA, 1993, p. 25).

Dessa forma, ao tentarmos compreender a escola a partir de um olhar psicanalítico, vamos buscar desvelar no que está manifesto, no sintoma, o que está por trás, desconhecido, responsável em grande parte pelos conflitos institucionais e interpessoais, perpassando as relações de trabalho e ocasionando os encontros e desencontros entre pessoas e profissionais.

Ora, esse processo está bem visível quando do chamamento para o trabalho coletivo. Além das desculpas concretas de impedimento à participação, coexiste uma gama de sentimentos positivos e negativos, afloram desejos e medos, criando tensões e expectativas. Toda essa ebulição interior exterioriza-se através de posturas conflituosas, preconceituosas e desagregadoras, ocasionando conflitos e dificultando os encaminhamentos no trabalho.

Assim, a construção do projeto político-pedagógico – que normalmente já necessita de toda uma infra-estrutura (espaço físico, horário, etc.) para funcionar – também está a depender de uma estrutura institucional e grupal que possibilite a compreensão e o funcionamento das relações de trabalho.

Nesse âmbito, encontramos comportamentos com significados diversos, como o caso de uma diretora que encaminha tudo sozinha e se proclama participativa, ou ainda de uma professora que combate o autoritarismo da diretora de forma isolada, sem também conseguir interagir com os/as colegas. Uma leitura psicanalítica faz pensar, aí, num movimento egóico, numa tentativa de preservar um estado (ou uma estrutura) anterior, de outro tempo de vida, usando mecanismos inconscientes para defender-se do que causa desprazer narcísico e que, de uma certa forma, protege esses educadores daquilo que lhes incomoda ou ameaça.

Desse modo, podemos encontrar em determinados educadores um ego bastante defensivo, característico de pessoas que não são voluntárias nem conscientes, considerando o que Freud (1976, p. 76) ressalta: "A fim de desviar certas excitações desagradáveis que surgem no interior, o ego não pode utilizar senão os métodos que utiliza contra o desprazer oriundo do exterior, e este é o ponto de partida de importantes distúrbios patológicos". E de distúrbios grupais, acrescentaríamos, pensando nas dificuldades de construção do projeto político-pedagógico nas escolas: muito dos conflitos internos emergem por ocasião dos conflitos institucionais, nesses interferindo como variável poderosa, por vezes.

Nesse caminho é importante compreender a escola sob dois ângulos, seja focalizando-a enquanto instituição organizada através orientações formais, (leis, normas, regimentos, organogramas, planos, etc.), que são mais ou menos consideradas e estudadas como subsídios para as ações desenvolvidas; seja fazendo uma leitura da sua dinâmica informal, que brota do cotidiano, e que se desenvolve a partir dos (des)enlaces que emergem das relações interpessoais, tendo como base nas identificações e alianças ou os impulsos de destruição.

Cada membro da comunidade escolar traz uma história pessoal, acrescida das posturas defensivas e substitutivas, buscando um pretenso equilíbrio e tentando evitar o desprazer. Como os educadores não têm o hábito de exercitar o distanciamento necessário à (auto-) análise, dados os limites de sua participação na dinâmica escolar – exercício típico da escuta e da atenção psicanalíticas aplicadas à consideração das situações coletivas do cotidiano escolar –, muitas vezes as relações intersubjetivas tornam-se pesadas, complicadas, e as justificativas e explicações conscientemente encontradas para dar conta dos impasses não reconhecem o verdadeiro motor dos conflitos, guardado entre as demandas grupais.

Podemos entender melhor, agora, a construção do projeto político-pedagógico, ao considerarmos que o trabalho compartilhado demanda troca em todos os sentidos, ou seja, de idéias teórico-práticas, e também a circulação de emoções, desejos e sentimentos (muitos desses inconscientes). Quando tal circulação é obstaculizada, é comum ver emergir um sentimento de desamparo, individual e coletivo, momento em que surgem inseguranças e medos, provocando tensões, desagregando o grupo e dificultando o seu funcionamento.

É preciso entender que o conteúdo dessas relações está atravessado pelo inconsciente, sendo, por vezes, difícil de ser compreendido à primeira vista, pois está disfarçado pelo aparente e pelo superficial, pelo manifesto e pelo consciente: se em algum momento a elaboração desses conteúdos inconscientes não ocorrer, certo mal-estar será produzido na instituição escolar, contribuindo para a atuação das tensões em conflitos externos, posteriormente materializados numa crise da escola, que tenciona e imobiliza o ambiente institucional.

O mal-estar institucional é, então, produto de um vínculo essencialmente em tensão, facilmente deslizável para o conflito entre os indivíduos o social, entre os indivíduos e o institucional. As relações e os vínculos que os sujeitos entabulam com as instituições situam-se num campo em que se enfrentam necessidades, desejos e demandas, cuja concordância em termos eqüitativos é impossível. As instituições reclamam para si o máximo possível do compromisso, esforço, tempo... dos sujeitos, e estes demandam para si mesmos tempo, recursos, reconhecimento de suas necessidades e limites. Certamente que se podem reconhecer, nos espaços institucionais concretos, condições que incrementam o mal-estar até torná-lo intolerável, como condições que possibilitam a metabolização e o equilíbrio. Há indivíduos que, por sua estruturação pessoal e por sua trama psicofamiliar, têm mais condições para processar o mal-estar; outros, para negá-lo e identificar-se com as demandas institucionais como se fossem próprias; outros, por sua vez, marginalizam-se ou adoecem (BUTELMANN, 1998, p. 126).

Concluindo...

O aprofundamento da pergunta inicial serve como questão provocada por este percurso, aqui apresentada para concluir essas notas: sendo os confrontos institucionais suscetíveis ao atravessamento dos processos psíquicos inconscientes, como contribuir para minimizar os confrontos? Como a compreensão da escola (e, nela, da construção do projeto político-pedagógico) segundo a análise institucional de base psicanalítica pode favorecer a evitação de maiores sofrimentos causados pelas diferenças entre as pessoas e pelos conflitos daí subseqüentes?

Cabe, apenas, lembrar que não há um paraíso institucional. Existe, sim, o cultivo de relações em grande parte saudáveis, aliadas a predisposições favoráveis ou desfavoráveis ao trabalho em grupo, advindas de causas diversas ou experiências vivenciadas. Certamente que as relações e a operacionalidade das ações passam pelas imprevisões do inconsciente que, no cotidiano emergem mascaradas.

Somos da opinião de que estudos sobre as interlocuções entre a Psicanálise e a Educação contribuirão para um olhar analítico sobre o cotidiano escolar, o que possibilitará uma maior compreensão do que está subjacente ao aqui e agora das posturas pessoais e institucionais. Nos debates sobre as relações interpessoais podemos inserir reflexões psicanalíticas, de forma que as pessoas entendam que nem tudo se apresenta de forma tão objetiva, muitas vezes os motivos para determinados comportamentos estão bastante recalcados e nada ou pouco têm a ver com a realidade.

Ao concluirmos essas reflexões, que poderíamos chamar de notas introdutórias, gostaríamos de evidenciar o prazer que tivemos na tentativa de aproximar temáticas que constituem interesse nosso de cada vez mais mergulhar nas suas profundezas teóricas: Relações Interpessoais, projeto político-pedagógico e Psicanálise. Acreditamos ser oportuno concluirmos com Cardoso e Cunha (1993, p. 88), que dizem: "Entre o sonho e a realidade reside o espaço possível da realização concreta".

Referências bibliográficas

BUTELMAN, I. (Org.).*Pensando as instituições*: *teorias e práticas em educação*. Porto Alegre: ArtMed, 1998.

CARDOSO, C; CUNHA F. *Empresas e instituições: uma abordagem contemporânea*. Recife: TGI-Tecnologia Gerencial e Informática, 1993.

FREUD, S. *O mal-estar na civilização*: volume XXI. Rio de Janeiro: Imago Editora, 1976.

SANTIAGO, M.E. Projeto Pedagógico da Escola: Uma contribuição ao Planejamento Escolar, in *Revista de Administração Educacional*. Ed. *Universitária*, UFPE, 1997.

SOBRE OS AUTORES

Edna Maria da Cunha Dias
   Pedagoga. Especialista em orientação educacional pela UFPB. Mestre em educação pela UFPB. Professora aposentada do Departamento de Habilitações Pedagógicas do Centro de Educação da UFPB. Atual coordenadora do NEPPE/EPSI.

Fernando Cézar Bezerra de Andrade
   Graduado em psicologia, filosofia e letras pela UFPB. Especialista em psicanálise pela UFPB. Mestre em Educação pela UFPB. Doutorando em educação pela UFPB. Professor assistente do Departamento de Fundamentação da Educação da pela UFPB. Membro do NEPPE/EPSI

Iraquitan de Oliveira Caminha
   Graduado em educação física, psicologia e filosofia pela UFPB e UNIPE. Mestre em filosofia pela UFPB. Doutor em filosofia pela Université Catholique de Louvain-Bélgica. Professor adjunto do Departamento de Educação Física da UFPB. Membro de NEPPE/EPSI.

Ivone de Barros Vita

Pedagoga e psicóloga. Psicanalista. Doutora em filosofia e ciências da educação pela Universidad de Salamanca – Espanha. Professora aposentada do Departamento de Habilitações Pedagógicas do Centro de Educação da UFPB. Membro da Sociedade Psicanalítica da Paraíba. Membro do EPSI-Espaço Psicanalítico. Membro do NEPPE/ EPSI.

Maria Cristina Kupfer

Psicóloga pela USP. Mestre em psicologia escolar pela USP. Doutora em psicologia escolar e do desenvolvimento humano pela USP. Psicanalista. Professora do Instituto de Psicologia da USP. Diretora da Pré-Escola Terapêutica Lugar de Vida. Coordenadora do LEPSI IP/FE-usp e co-editora de *Estilos da clínica. revista sobre a infância com problemas.*

Pierre Normando Gomes da Silva

Graduado em educação física e pedagogia pela UFPB e em teologia pelo Instituto Teológico Cultural de Ensino Faculdade de Teologia Avançada. Especialista em pesquisa educacional. Mestre em Educação pela UFPB e em Teologia pela Faculdade de Ciências Teológicas do Rio de Janeiro. Doutor em educação pela UFRN. Professor adjunto do Departamento de Educação Física da UFPB. Membro do NEPPE/EPSI.

Vera Esther Jandir da Costa Ireland

Graduada em letras pela UFMT e em psicologia pela UNIPE. Especialista em educação de adultos, mestre e doutora em educação pela Manchester University – Inglaterra. Professora aposentada do Departamento de Fundamentação da Educação da UFPB. Psicanalista. Membro da Sociedade Psicanalítica da Paraíba.